Shonda Moralis

ACHTSAMKEIT FÜR mamas

5 Minuten
Entspannung
für jeden Tag

„*Achtsamkeit für Mamas* bringt frischen Wind ins Leben gestresster Mütter. Auf praxisorientierte und zugleich kreative Weise gibt die Autorin Shonda Moralis all den tapferen Mamas da draußen, die etwas Ruhe, Frieden und Zu-sich-Kommen brauchen, Achtsamkeitsübungen, Strategien und Werkzeuge an die Hand. Als Mutter und Achtsamkeitsexpertin weiß sie, wovon sie redet, und teilt ihre Erfahrungen voller Humor und Wohlwollen. Ein wunderbares und sehr hilfreiches Buch!"

—**DONALD ALTMAN,** Autor von *Clearing Emotional Clutter, One-Minute Mindfulness* und *The Mindfulness Toolbox*

„*Achtsamkeit für Mamas* steckt voller weiser, hilfreicher und vor allem höchst alltagstauglicher Praktiken für vielbeschäftigte Mütter. Ich bin so dankbar, dass Shonda dieses Juwel von einem Buch geschrieben hat!"

—**DR. CARLA NAUMBURG,** Autorin von *Ready, Set, Breathe: Practicing Mindfulness with Your Children for Fewer Meltdowns and a More Peaceful Family*

„*Achtsamkeit für Mamas* ist eine lustige, praktisch anleitende Einladung zu mehr Aufmerksamkeit. Shonda Moralis lehrt uns, dass Achtsamkeit nicht unbedingt bedeutet, mehr Zeit am Tag zu finden – es geht darum, die Momente, die wir haben, zu genießen."

—**LEIGH ANN HENION,** Autorin von *Phenomenal: A Hesitant Adventurer's Search for Wonder in the Natural World*

„Durch ehrliche, verständliche und oft urkomische Geschichten aus ihrem privaten wie beruflichen Leben vermittelt Shonda Moralis allen vielbeschäftigten Mamas den emotionalen und sozialen Nutzen einer konsequenten Achtsamkeitspraxis. Mit Dutzenden von praktischen, realistischen Möglichkeiten, Achtsamkeit auch in den dichtesten Zeitplan zu integrieren, ist dies ein Buch, das ich immer wieder konsultieren werde!"

—**SIGNE WHITSON,** Autorin von *8 Keys to End Bullying: Strategies for Parents and Schools* und *How to Be Angry: An Assertive Anger Expression Group Guide for Kids and Teens*

Für meine Eltern Linda und Richard Bear
Und für Erik, Anika und Ben
In unermesslicher Liebe und Dankbarkeit

ISBN: 978-3-948230-09-8
1. deutschsprachige Ausgabe, 2. Auflage 2020

© 2020 Mentor Verlag, Berlin Deutschland

Hast du Fragen?
Über eine E-Mail an service@mentor-verlag.de freuen wir uns!

Wenn du Lust hast, noch mehr über unseren Verlag zu erfahren,
dann folg uns doch einfach auf Instagram: @mentorverlag
Lass es dir gut gehen!

Veröffentlicht in deutscher Sprache
in Absprache mit The Experiment, LLC, New York, USA

US-amerikanischer Originaltitel: „Breathe, Mama, Breathe"

ISBN: 978-1-61519-356-1
© 2017, 2019 Shonda Moralis

„Mit der Geburt unserer Kinder werden wir vielleicht feststellen,
dass wir auch neue Möglichkeiten in uns selbst zur Welt bringen."
—Myla und Jon Kabat-Zinn

INHALT

Das Achtsamkeit für Mamas-Vorhaben

„Wie geht's dir?"

„Gut … aber viel zu tun. Echt viel zu tun!"

Kommt dir das bekannt vor? Wir Mütter haben immer *viel zu tun*. Unsere Kinder sind gut versorgt; der Haushalt ist mehr oder weniger im Griff; wir sind zusätzlich noch eine Verpflichtung eingegangen und versuchen tapfer, das alles irgendwie zusammenzuhalten. Was ich aber wissen möchte: Wie fühlst du dich *wirklich*? Erfüllt? Zufrieden? Gelassen? Wenn du tief in dich hineinspürst nach einer wahrhaft ehrlichen Antwort, könnte es passieren, dass sich deine Augen mit Tränen füllen, während du ein emotionales, überwältigtes „Nein" zugibst. Ehrliche Antworten mögen eher so klingen:

❀ Ich bin gestresst, erschöpft und habe keine Zeit für mich selbst.

❀ Mein Leben ist aus dem Gleichgewicht geraten. Das Tempo ist außer Kontrolle, ich fühle mich hektisch.

❀ Ich schreie meine Kinder an, statt ihre Anwesenheit zu genießen.

❀ Selbst wenn ich Zeit mit meinen Kindern verbringe, bin ich oft abgelenkt und gehe meine To-do-Liste durch oder checke wiederholt mein Handy.

❀ Ich fühle mich schuldig, dass ich noch nicht genug tue. Wie schaffen es die anderen Mütter, das alles hinzubekommen?

Ich habe festgestellt, dass nur fünf Minuten konsequente Achtsamkeitsmeditation pro Tag einen großen Unterschied machen:

❀ Ich bleibe den ganzen Tag über ruhiger und bewusster.

❀ Ich habe mehr Kontrolle über meinen Umgang mit stressigen Situationen, anstatt wie gewohnt und oft destruktiv zu reagieren.

❀ Ich freue mich auf die fünf Minuten der Ruhe, Erholung und Besonnenheit und vermisse sie, wenn ein Tag ohne vergeht.

❀ Ich fühle mich mehr mit meinen Kindern, meinem Partner und den einfachen Dingen des Lebens verbunden.

❀ Ich habe gelernt, meine angespannten Schultern automatisch fallen zu lassen und den Tag über ein paar tiefe Atemzüge zu machen.

❀ Ich lächle, lache und spiele mehr.

Der Begriff Achtsamkeit scheint heutzutage allgegenwärtig zu sein. Einfach googeln und du kannst Stunden damit verbringen, in schier unendlichen Informationsquellen über sie und ihre Anwendungen zu lesen. Jeder praktiziert Achtsamkeit: Angelina Jolie, Meg Ryan, der BMW-Aufsichtsratsvorsitzende Norbert Reithofer und

Unternehmen wie Google, Apple und IBM. Das *Time Magazine* hatte sogar eine Titelgeschichte zum Thema „The Mindful Revolution". Aber was genau eigentlich ist Achtsamkeit?

Bist du jemals in dein Auto gestiegen und an einem Ziel angekommen ohne dich genau erinnern zu können, tatsächlich dorthin gefahren zu sein? Die meisten von uns kennen so etwas. Dies ist ein Beispiel dafür, wie unser Verstand im Autopilot arbeitet, und viele von uns vielbeschäftigten Müttern bewegen sich häufig auf diese Weise durchs Leben: abgelenkt, halbbewusst, mit dem chronischen Gefühl, den Moment zu verpassen.

Achtsamkeit – im Grunde das Gegenteil des Autopiloten – ist die Praxis, unsere Aufmerksamkeit bewusst und wohlwollend auf den gegenwärtigen Moment zu lenken. Es handelt sich um eine bestimmte Art, in der Welt zu sein und sie wahrzunehmen. Anstatt über die Vergangenheit (nah oder fern) zu grübeln oder sich die Zukunft (sorgenvoll oder im *was wenn*-Modus) vorzustellen, ermutigt uns die Achtsamkeit, in unserem momentanen Leben präsent zu sein. Sie hilft uns, mit Schwierigkeiten umzugehen und gleichzeitig das Gute besser genießen zu können.

Die Vorteile von Achtsamkeit sind kaum zu leugnen. Es wurde nachgewiesen, dass regelmäßige Achtsamkeitsübungen buchstäblich die Struktur und Funktion des Gehirns verändern. Aufmerksamkeit, Optimismus und ein allgemeines Wohlbefinden werden dabei erhöht, während Angst und Depression abnehmen. Für eine Studie machten Britta Hölzel und Kollegen MRT-Aufnahmen des Gehirns von Teilnehmern, die acht Wochen lang täglich meditierten. Sie konnten zeigen, dass die Graue Substanz (der Teil des Gehirns, der für Lernen, Gedächtnis, Selbsterkenntnis, Mitgefühl und Introspektion zuständig ist) wuchs und sich die Amygdala (der Bereich, der für Angst und Stress verantwortlich ist) verkleinerte. Die Studie kam zum Schluss, dass wir unser Gehirn mit der täglichen Meditationspraxis in bemerkenswertem Maße zum Besseren verändern können: Wir können klarer denken und planen, sind zudem Angst und Stress weniger ausgeliefert. Genau wie man beim Gewichtheben die Muskeln trainiert und der Körper dabei sichtbar aufgebaut wird, können wir meditieren, um gezielt wichtige Teile unseres Gehirns zu stärken. Die Vorteile einer regelmäßigen körperlichen Aktivität für das allgemeine Wohlbefinden sind längst bekannt, und nun zeigt sich uns ein ganz ähnlicher Nutzen der Meditation als Training für unsere Gehirne. Und du brauchst nicht Stunden über Stunden zu meditieren, um davon zu profitieren. Forschungen von Christopher Moyer und Kollegen zeigten bereits nach einer kumulativen Summe von insgesamt fünf Stunden des Meditierens positive Veränderungen im Gehirn.

Eine faszinierende Studie unter der Leitung von Barbara Fredrickson ergab, dass Mitgefühls-orientierte Meditation positive Emotionen wie Zufriedenheit, Freude, Liebe, Stolz, Dankbarkeit, Hoffnung, Interesse und Wertschätzung verstärkt. Das öffnet einen für gute Erfahrungen wie z.B. erhöhte Achtsamkeit, soziale Unterstützung, Lebenssinn und Rückgang von Krankheitssymptomen, die wiederum positive emotionale und physische Veränderungen bewirken und dabei zu steigender Lebenszufriedenheit und einem Rückgang depressiver Symptome führen. Ihre Forschungen zeigen auch, dass eine positivere Lebensauffassung etwas ist, das wir wählen und kultivieren können, weil nur fünfzig Prozent unserer Gene über unser Gefühl von Glück bestimmen. Von den anderen fünfzig Prozent sind zehn Prozent auf die Umstände zurückzuführen, während *bemerkenswerte vierzig Prozent unseres Glücks in unserer Kontrolle liegen.* Regelmäßige Mitgefühlsmeditation ermöglicht es uns, unser Gehirn und unseren Körper in einer Weise zu trainieren, die sowohl die emotionale als auch die körperliche Gesundheit langfristig positiv beeinflusst.

Regelmäßige Meditationspraxis bringt uns nicht nur dazu, uns weniger zu stressen, mehr zu genießen und glücklicher zu sein, sondern bewirkt auch ein verbessertes Immunsystem. Das konnte Richard J. Davidson, Gründer des Center for Healthy Minds an der Universität von Wisconsin–Madison, in einer Studie zeigen. Die Forschungsteilnehmer wurden in zwei Gruppen eingeteilt: Die eine meditierte acht Wochen lang täglich, die andere erhielt kein Meditationstraining. Am Ende der acht Wochen bekamen die Teilnehmer beider Gruppen einen Grippeimpfstoff verabreicht. Die Ergebnisse zeigten, dass die Meditierenden Antikörper produzierten, während es bei Nicht-Meditierenden keine Veränderung gab. Davidsons Forschungen zufolge erhöht tägliche Achtsamkeitsmeditation tatsächlich die Immunantwort. Das bedeutet, dass wir in der Lage sind, all jene Keime zu bekämpfen, denen wir durch unsere Kinder verstärkt ausgesetzt sind – und öfter gesund bleiben. Als vielbeschäftigte Mütter wissen wir alle, dass selbst Krankheitstage kaum Ruhe bedeuten.

Es gibt inzwischen hunderte Studien, die das breite Spektrum der Vorteile von Achtsamkeitsmeditation dokumentieren. Allerdings basiert ein Großteil der Forschung auf einem Durchschnitt von zwanzig bis dreißig Minuten täglicher Meditation – eine sinnvolle, jedoch unrealistische Erwartung für die meisten vielbeschäftigten Mamas.

Was ich erkannt habe, ist, dass der Anspruch, ein Minimum von zwanzig oder dreißig Minuten locker zu machen, dazu führt, dass wir gar nicht meditieren. Gute Absichten bleiben genau das – man setzt sie nicht um. Einfach ausgedrückt: Wenn du es nicht schaffst, dir die Zeit für Achtsamkeit zu nehmen, wirst du die Vorteile nicht merken. Ich weiß es aus Erfahrung. Als hingebungsvolle Achtsamkeitsmeditierende und -lehrerin, Psychotherapeutin und erfahrene Mutter wurde ich von der Geburt meines zweiten Kindes ein Jahrzehnt nach der Geburt des ersten überrascht und fühlte mich etwas überfordert. Ich hatte keine Illusionen mehr, was die nötigen Anstrengungen anging, die ein neugeborenes Familienmitglied erfordert. Auch als die ersten erschütternden Wochen mit einem Neugeborenen vorbei waren und sich der Schleier des brutalen Schlafentzuges etwas lichtete, wurde mir klar, dass eine halbe Stunde täglich in nächster Zukunft undenkbar war. Um das Kind nicht mit dem „Achtsamkeits-Bade" auszuschütten, musste ich einen Weg finden, mit Achtsamkeit und Meditation in flexiblerer, überschaubarer Weise in Verbindung zu bleiben.

Im Laufe der Monate nahm meine tägliche Meditationszeit trotz vielem Hin und Her langsam und schrittweise zu. Was mir in dieser Zeit aber wirklich half, war es, viele kleine Wege aufzustöbern, wie ich meinem Alltag Achtsamkeit beimischen konnte. Das war nicht nur ein Rettungsanker, wenn ich überfordert war, sondern auch ein Mittel, um die schönen Momente zu genießen, die selbst an den monotonsten Tagen mit einem Neugeborenen entstanden.

Obwohl Experten sich noch nicht einig sind, was die ideale Zeitspanne zum Meditieren ist, habe ich nach mehr als einem Jahrzehnt des Unterrichtens von Achtsamkeit wiederholt beobachtet, dass fünf Minuten Meditation am Tag ausreichen, um klare und überzeugende Ergebnisse zu erzielen. Der Forscher Elisha Goldstein hat nachgewiesen, dass nur fünf Minuten Achtsamkeit pro Tag signifikante positive Auswirkungen auf Stress und Wohlbefinden haben, wie zum Beispiel ein größeres Gefühl der Verbundenheit, Dankbarkeit und Ausgeglichenheit.

Achtsamkeit für Mamas ist meine Antwort auf eine ständige Suche danach, wie ich so gut wie möglich meinen tiefsten Werten treu bleiben kann, während ich meinen vielen Rollen gerecht zu werden versuche. Ausgehend von meiner jahrelangen

Arbeit als Therapeutin und eigener Lebenserfahrung, beziehe ich mich auf die Forschung im Bereich der Positiven Psychologie (eine Wissenschaft über Glück und Wohlbefinden) und der Achtsamkeit, um einfache, fünfminütige Achtsamkeitspraktiken anzubieten, die speziell für beschäftigte Mütter entwickelt wurden.

Eigentlich schlummern alle Antworten in uns selbst, solange wir uns ein wenig Zeit erlauben, um durchzuatmen, zuzuhören und wieder mit uns selbst Verbindung aufzunehmen. Mein Ziel ist es, vielbeschäftigten Müttern einfache Wege zu zeigen, wie sie bewusster und mit mehr Energie und Frieden leben können. Wenn du dich ausgeglichen fühlst, profitiert deine ganze Familie von den Vorteilen einer erfolgreichen Mutter, die in mehr Präsenz, Dankbarkeit und Freude lebt. Was können wir unseren Kindern, Familien und uns selbst mehr wünschen?

Was ist der Unterschied zwischen Achtsamkeit und Meditation?

Achtsamkeit bedeutet, bewusst und ohne zu urteilen auf den gegenwärtigen Moment zu achten. Jon Kabat-Zinn beschreibt sie wunderbar treffend nicht nur als bloße Präsenz und Aufmerksamkeit, sondern als „Anwesenheit des Herzens". Man kann sie aber auch einfach als eine Trainingsform zur Stärkung des Gehirns verstehen.

Achtsamkeitsmeditation ist nur eine Variante von vielen, zu denen auch Transzendentale Meditation und Yoga gehören. Das Erlernen der täglichen Meditation bildet die Grundlage für ein Leben, das mit mehr achtsamem Bewusstsein ausgefüllt ist. Obwohl Meditation ein recht unkompliziertes Verfahren ist, fällt die Umsetzung nicht immer leicht, und deshalb ist es hilfreich, eine Anleitung für deine Achtsamkeitsreise zu haben. So wie beim Schwimmenlernen oder Klavierspielen reicht es nicht, nur die Anleitung zu lesen, um die Fähigkeit zu erwerben. Es braucht ein bisschen Disziplin und Anstrengung, um einen Schwimmzug zu lernen oder ein Lied zu spielen. Genauso musst du dich tatsächlich jeden Tag fünf Minuten lang hinsetzen und dich in Meditation üben, um in den Genuss ihrer Vorzüge zu kommen.

Idealerweise trainieren wir dabei ein gesundes Gleichgewicht von Wachsamkeit und Entspannung, während wir immer vertrauter werden mit der geschäftigen Funktionsweise unseres Geistes. Je entspannter und aufmerksamer wir sind, desto mehr

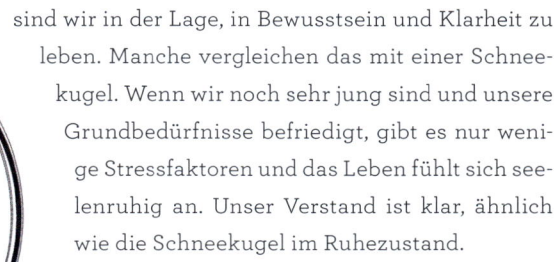

sind wir in der Lage, in Bewusstsein und Klarheit zu leben. Manche vergleichen das mit einer Schneekugel. Wenn wir noch sehr jung sind und unsere Grundbedürfnisse befriedigt, gibt es nur wenige Stressfaktoren und das Leben fühlt sich seelenruhig an. Unser Verstand ist klar, ähnlich wie die Schneekugel im Ruhezustand.

Während wir aufwachsen und unsere Verantwortung zunimmt, beginnt der Schnee, der zuvor ruhig auf dem Boden lag, aufgewirbelt zu werden. Mehr Stress, mehr Schütteln und bald können wir nicht mehr klar sehen durch den Schnee. Unsere Gedanken sind vernebelt und trübsinnig. Wenn wir aber einfach mal innehalten, ein paar Atemzüge machen und aufhören, die Kugel zu schütteln, beginnt sich der Schnee wieder zu setzen, genau wie unsere Gedanken. Die Stressauslöser sind immer noch da, wie auch der Schnee, aber wir sind jetzt in der Lage, etwas klarer und ruhiger zu sehen. Das ist die Kraft der Achtsamkeitsmeditation.

Achtsamkeit bedeutet, sich aus dem Autopiloten herauszuziehen und sich bewusst zu sein, was im jeweiligen Moment zu jeder Tageszeit gerade geschieht. Meditation ist die Zeit, die man sich fürs strukturierte Üben nimmt. Sie kann verschiedene Formen haben: entweder man meditiert im Sitzen (zum Beispiel bei achtsamen Atemübungen), in achtsamer Bewegung (Yoga oder Gehen) oder bei einem Bodyscan (im Liegen).

Die Kraft gemeinsamer Erfolgsgeschichten

Allzu oft präsentieren uns die Medien Bilder von perfekter Mutterschaft. Das entspricht einfach nicht der Realität. Mutter zu sein, ist chaotisch und wunderbar, unerträglich und wonnevoll zugleich – mit anderen Worten eine der paradoxesten Beziehungen, die wir jemals eingehen werden. Die meisten von uns reden jedoch nicht darüber. Viele von uns verstecken ihre Unsicherheiten, Zweifel und Momente elterlicher Unkenntnis, sodass Verlegenheit irgendwann in Scham und Geheimhaltung übergeht. Es ist schwer, über unsere Fehler und schlechten Momente zu reden, aber es ist so befreiend. Wenn wir in Gesprächen mit anderen Müttern ehrlich und authentisch auftreten, laden wir sie ein, offen über ihre Probleme zu sprechen, und ermöglichen gegenseitige Unterstützung und Empathie. Wir sind somit freier, uns gegenseitig zu verteidigen, anstatt uns zu vergleichen und zu verurteilen. Je kritischer wir die Fassade der perfekten Mutterschaft betrachten, desto geringer wird der Druck, den wir auf uns selbst ausüben, um zu erreichen, was nur unter hohen Kosten für uns selbst und unsere Familien möglich ist.

Ich erinnere mich deutlich an ein paar kurze Gespräche mit anderen Müttern, die mir halfen, durch einige schwere Zeiten zu kommen, als meine neugeborene Tochter stundenlang ununterbrochen weinte, weil sie an Sodbrennen litt. Eines davon war, als meine Schwägerin von einer Erfahrung berichtete, die sie mit ihrem jungen Sohn gemacht hatte. Sie erzählte mir, wie sie sich an einem besonders harten Tag in die Garage zurückgezogen hatte und weinend dasaß, überzeugt davon, dass sie nicht mit dem Muttersein umgehen konnte. Ein anderes Gespräch war mit einer langjährigen Freundin, deren Sohn als Säugling auch Sodbrennen hatte – sie unterstützte mich sehr, indem sie einfach eine Viertelstunde lang per Telefon mitfühlte.

In meinen schwierigsten Momenten klammerte ich mich an ihre Worte, die allein dadurch beruhigten, dass ich nicht allein war. Ich erzählte später einmal derselben Freundin, wie viel mir dieses Gespräch bedeutet hatte und war überrascht zu hören, dass sie sich gar nicht daran erinnern konnte. Sie hatte mir lediglich in einem stressigen Moment Trost zugesprochen; für mich aber war es ein rettender Anker. Wir sollten niemals die Macht gut platzierter Empathie, Ehrlichkeit und Verbundenheit unterschätzen. Ich hoffe, dass dir neben dem Erlernen der Achtsamkeitsübungen auch meine Anekdoten und geteilten Erfolgsgeschichten dabei helfen, Selbstmitgefühl, Trost und Inspiration zu finden, während wir zusammen diese erstaunliche, lebensverändernde Reise namens Mutterschaft antreten.

Ich bin aber trotz allem vorsichtig mit dem Wort *Erfolg*. Erfolg bedeutet in diesem Kontext nicht Perfektion und auch nicht, dass ich oder die anderen Mütter, die in *Achtsamkeit für Mamas* vorkommen, eine Art permanenten Zustand des mütterlichen Nirwana erreicht haben. Nein, hier haben wir es mit dem wirklichen Leben zu tun, mit echten Herausforderungen und mit echten Kindern. Mit Erfolg meine ich vielmehr, dass diese achtsamen Mamas einen Weg gefunden haben, auf konsequente aber unvollkommene Weise Achtsamkeit in ihr volles Leben einzuflechten – trotz der Unvorhersehbarkeit und der Schwierigkeiten, die ihnen ihre Mutterschaft immer wieder in den Weg legt. Obwohl jede dieser Situationen immer wieder einzigartig und neu zu lösen ist, haben sie auch wiederkehrende Muster. Wenn du dich in einigen von ihnen wiedererkennst, glaube ich, dass auch du Mut, Hoffnung und nützliche Anregungen finden wirst. Sei mutig, sei neugierig und abenteuerlustig. Alles, was du tun musst, ist anzufangen. Ich lade dich von ganzem Herzen ein, dich uns anzuschließen und deine eigene *Achtsamkeit für Mamas*-Erfolgsgeschichte zu beginnen.

Der erste Teil von *Achtsamkeit für Mamas* zeigt dir, wie du täglich fünf Minuten Meditation in deinen Alltag integrieren kannst. Diese Praxis wird die Grundlage für mehr Ausgeglichenheit und Leichtigkeit in deinem Leben sein. Indem du dir jeden Tag nur fünf Minuten freihältst, kannst du dir diese Gewohnheit aneignen, die nachweislich Stress abbaut und das Wohlbefinden steigert.

Nachdem du die Grundlagen der Achtsamkeit gelernt und dir eine tägliche Meditationspraxis angeeignet hast, brauchst du vielleicht noch zusätzliche Hilfe, wenn das Alltagschaos an seinem Höhepunkt ist. Wie wir nur allzu gut wissen, können die stressigsten Momente morgens, mittags oder auch mitten in der Nacht entstehen. Hier kommen die Achtsamkeitsübungen ins Spiel.

Es handelt sich dabei um Rettungsleinen, Lebensverbesserer, Reminder und Leitfäden, die darauf ausgelegt sind, sich jederzeit problemlos in deinen Tag integrieren zu lassen. Sie erfüllen dein Leben mit mehr Ruhe und Energie, indem sie eine Vielzahl von Möglichkeiten eröffnen, sich aus dem Hamsterrad der Alltagshektik zu lösen und zum gegenwärtigen Moment zurückzufinden. Am besten hast du *Achtsamkeit für Mamas* auf deinem Nachttisch liegen und konsultierst es, wenn du etwas Inspiration, eine Achtsamkeitsübung zwischendurch, eine Aufmunterung oder einen Rettungsanker brauchst. Markiere ruhig Passagen und mach Notizen im Buch. Mach daraus einen lebendigen, atmenden, an dich angepassten Führer für deine Reise als achtsame Mutter. Nimm deinen Einsatz für die tägliche Meditationspraxis ernst, denn sie kann vieles in deinem Leben zum Positiven verändern. Aber vergiss auch nicht, Spaß dabei zu haben und einfach mal durchzuatmen.

Deine tägliche Fünf-Minuten-Meditation einrichten

Achtsamkeitsmeditation baut ein erhöhtes Bewusstsein, Ruhe und ein allgemeines Wohlbefinden auf. Sri K. Pattabhi Jois, der Ashtanga-Yoga im Westen bekannt machte, hat gesagt, dass Yoga zu 99 Prozent Praxis und nur zu einem Prozent Theorie ist. Das Gleiche gilt für die Meditation. Es ist wichtig, dass du deinen fünf Minuten täglicher Meditationspraxis höchste Priorität einräumst und sie schützt.

Wann: Wähle eine Tageszeit und setze sie fest. Gewohnheiten kann man am besten annehmen, wenn man sie mit anderen bereits etablierten Ritualen kombiniert. Beispielsweise könntest du morgens aufwachen, dir das Gesicht waschen, dich zum Meditieren hinsetzen und dann deinen täglichen Tee oder Kaffee genießen.

Experimentiere, bis du die beste Tageszeit für dich gefunden hast. Für mich ist der frühe Morgen die beste Zeit, bevor alle anderen im Haus beginnen herumzuschwirren. Ich mag daran auch sehr, wie es mich für den Tag in Stimmung bringt. Andere finden, dass der Mittagsschlaf der Kinder oder die Schlafenszeit am Abend die beste Wahl ist. Solange du es schaffst, dabei wach zu bleiben, ist und bleibt es das Wichtigste, dass die Meditation ein Teil deiner täglichen Routine wird.

Wo: Versuche, einen Ort zu finden, an dem du nicht gestört wirst. Setze dir selbst und deiner Familie klare Regeln, dass das *deine* Zeit ist und du nur im Notfall unterbrochen werden darfst. Wenn ich mal im Laufe des Tages das Bedürfnis hatte zu meditieren, habe ich mich gelegentlich in die Kleiderkammer gesetzt, um etwas mehr Ruhe zu haben. Natürlich können wir nicht alle Faktoren kontrollieren; der Hund des Nachbarn wird bellen, das Telefon kann klingeln. Erlaube diesen Geräuschen einfach, ein Teil deiner Meditation zu werden.

Warum (mache ich das noch mal?)**:** Es wird sicherlich Momente geben, in denen du dich fragst, warum du diese kostbaren fünf Minuten investierst, um dich hinzusetzen und nichts zu tun. Erinnere dich daran, dass du dir diese Zeit nimmst, um dein Gehirn gesund zu halten, ähnlich wie ein nahrhaftes Frühstück die Gesundheit und Leistungsfähigkeit des Körpers garantiert. Genau wie du das Haus morgens (hoffentlich) nicht verlassen würdest, ohne etwas zu essen, solltest du versuchen, auch nicht auf etwas Achtsamkeitspraxis zu verzichten. Mit der Zeit wirst du es vermissen, wenn du es nicht tust, und dich auf diese nährende Übung freuen. Du bist diese Zeit wert und deine Familie wird auch davon profitieren.

Wie: Es ist oft hilfreich, aber nicht notwendig, mit einer geführten Audioaufnahme in die Meditation zu starten. Wie das Erlernen jeder neuen Fähigkeit wird es vertrauter und besser, je regelmäßiger du übst. Nach einiger Zeit wirst du vielleicht merken, dass du dich schon genauso bequem dabei fühlst, auf eigene Faust zu üben. Du kannst Meditieren lernen, indem du den folgenden Anweisungen folgst oder meine Website – http://shondamoralis.net – besuchst und die verschiedenen kostenlosen Meditationsanleitungen und weiterführenden Links nutzt.

1 Finde einen Stuhl, auf dem du bequem sitzt, oder setz dich auf ein Kissen auf dem Boden, sodass Po und Hüften vom Boden abgehoben sind. Sitze aufrecht, mach deine Wirbelsäule gerade, entspann deine Schultern und schließe die Augen.

2 Halte inne und werde dir mit Neugierde und Akzeptanz der Empfindungen in deinem Körper gewahr. Du kannst dies tun, indem du langsam durch deinen Körper scannst, zunächst von den Füßen her und dann systematisch weiter bis zum Kopf. Bemerkst du ein Spannungsgefühl? Sind deine Schultern zu den Ohren hochgezogen? Ist deine Stirn gefurcht? Kannst du diese Bereiche weicher werden lassen?

3 Entspanne nun deinen Bauch und beobachte, wie er sich mit dem Atem automatisch *auf* und *ab* bewegt. Wenn dein Geist wandert (das passiert jedem), bemerke, wo deine Gedanken waren (beim Planen, Erinnern, Beurteilen). Bring einfach deine Aufmerksamkeit – voller Wohlwollen dir selbst gegenüber – zum Atem zurück und fang von vorne an. Es kann dabei hilfreich sein, sich beispielsweise die Worte *auf* und *ab* lautlos aufzusagen, während du den Atem kommen und gehen spürst. Schau, ob du Anfang und Ende des Einatmens, Anfang und Ende des Ausatmens und vielleicht eine automatische Pause dazwischen erkennen kannst. Jedes Mal wenn dein Geist wandert, bring ihn sanft zu den Empfindungen in deinem Bauch beim Atmen zurück. Selbst wenn du deine Aufmerksamkeit fünfzig Mal innerhalb von fünf Minuten zurücklenken musst, ist das vollkommen in Ordnung.

4 Gratuliere dir selbst, dass du dir die Zeit genommen hast, dich hingesetzt hast und drangeblieben bist. Es ist wichtig, dass wir diese Bewusstseinshaltung auch außerhalb unserer Meditationsübungszeit pflegen. Ernsthaft, was bringt sonst die Meditation, wenn du von deinen fünf Minuten der Stille hektisch in den nächsten Tagesabschnitt stürzt?

5 Fahre mit deinem Tag fort und setze dabei jede beliebige Kombination von Achtsamkeitsübungen ein.

Bring eine neugierige und verspielte Haltung in deine Meditation. Lass jegliche Erwartungen und Ziele los und beobachte einfach, was dabei herauskommt. Genau wie bei der Kindererziehung sind Konsistenz und Flexibilität für die Meditation unerlässlich. Ach ja, und vergiss nicht deinen Sinn für Humor. Die Gedanken, die beim Meditieren entstehen, können ziemlich amüsant sein. Akzeptiere jede Übungseinheit wie sie ist, aber versuch dabei nicht die Mühelosigkeit aus den Augen zu verlieren, die Achtsamkeit ausmacht. Entspannung ist gar nicht das Ziel selbst, obwohl sie oft ein willkommener Nebeneffekt ist.

Versuche, so gut es geht, jeden Tag zu üben. Auf den Seiten 206/207 findest du ein Achtsamkeitstagebuch, das dir Platz bietet, deine Achtsamkeitsübungen aufzuzeichnen. Vielleicht hilft dir das dabei, deine tägliche Praxis zu verfolgen und dich dafür verantwortlich zu fühlen.

> Gesegnet sind diejenigen, die über sich selbst lachen können, denn sie werden immer gute Unterhaltung haben.
>
> *—Anonym*

Du kannst für jede Woche ein neues leeres Dokument nehmen (das Achtsamkeitstagebuch kannst du auf www.mentor-verlag.de/shondamoralis herunterladen). In die Kästen für die fünfminütige Meditation kannst du die Tageszeit eintragen und was du währenddessen bemerkt hast. Zum Beispiel *fühlte mich unruhig und abgelenkt* oder *fühlte mich ruhig und entspannt*. In die Kästen für die Achtsamkeitsübungen kannst du entweder ein bis drei gleichbleibende Übungen eintragen, die du im Laufe der Zeit üben wirst, oder jeden Tag andere. Notiere auch hier, was du bemerkst, während du schrittweise mehr Achtsamkeit in deinen Tag integrierst. Zum Beispiel in der Spalte „Hausaufgaben-Achtsamkeitsübung": *Habe mich beruhigt, bevor ich mit Anna in die Hausaufgaben einstieg. Sie blieb friedlich. Kein Streit!*

Es wird jedoch auch mal eine Zeit kommen, in der das Leben zuschlägt – stell dir vor, eine Magen-Darm-Grippe macht sich unerbittlich in deiner Familie breit – und du einen Tag die Meditationsübung verpasst, oder auch zwei oder drei. Verschwende keine Zeit und Energie damit, dich dafür zu verurteilen. Glücklicherweise bietet dir Achtsamkeit jeden Moment die Gelegenheit, neu anzufangen. Bring dich einfach wieder auf Kurs und beginne erneut.

Den Partner einbeziehen

Wenn ich *Achtsamkeit für Mamas* Papas gegenüber erwähne, dann antworten sie oft: „Hey, was ist mit uns Vätern? Wir sind auch gestresst." Ja, natürlich, ich bin vollkommen für achtsame, meditierende Väter. Ich liebe es, Achtsamkeitskurse zu unterrichten, bei denen beide Elternteile auftauchen und bereit sind zu lernen. Eine doppelte Dosis Achtsamkeit für unsere Kinder und ein Partner, der seine eigene Achtsamkeitsarbeit macht? Das ist wirklich großartig. Obwohl Väter in den letzten Jahren sicherlich weit gekommen sind, was gemeinsame Elternverantwortung angeht, habe ich *Achtsamkeit für Mamas* speziell für vielbeschäftigte Mütter geschrieben. Denn selbst wenn man als Partner die Verantwortlichkeiten ziemlich gleichmäßig verteilt hat, sind Mütter weiterhin besonderem gesellschaftlichem Druck und spezifischen Erwartungen ausgesetzt. Diese Erwartungen, alles Mögliche zu leisten, sind immer noch sehr weit verbreitet. Wir haben da noch einen langen Weg vor uns. Und unterm Strich: „Wenn es Mama nicht gut geht, geht es niemandem gut."

Also lass deinen Partner auf jeden Fall teilhaben an deinem *Achtsamkeit für Mamas*-Vorhaben. Du solltest ihn vielleicht in die Bedeutung deiner fünf ruhigen Minuten alleine einweihen, um sie mit seiner Unterstützung besser zu ermöglichen. Bald schon wird er den Unterschied in deiner Stimmung bemerken und dich womöglich ermuntern, dir die Zeit zu nehmen.

Lade ihn zur Meditation ein. Beziehe ihn in die vielen Achtsamkeitsübungen ein. Teile dein *Achtsamkeit für Mamas*-Buch mit ihm. Wenn dein Partner kein Vater, sondern ebenfalls eine Mutter ist, kauf ihr ein eigenes Buch. Wenn du eine alleinerziehende Mutter bist, solltest du *Achtsamkeit für Mamas* vielleicht mit anderen engen Bezugspersonen deiner Kinder teilen, damit auch sie davon profitieren und Achtsamkeit in ihr eigenes Leben und in die Betreuung deiner Kinder integrieren können. Zwei achtsame Eltern oder Betreuer sind immer größer als die Summe ihrer Teile.

Nicht jeder Partner wird jedoch meditieren wollen, und das ist völlig in Ordnung. Nehmen wir zum Beispiel meinen. Manchmal stellen sich Leute vor, dass bei mir zu Hause nicht nur Zen-Energie aus allen Poren strömt, sondern wir auch alle kreisförmig im Schneidersitz auf dem Boden sitzen und „Om" singen. Aber nein, so ist es nicht. Tatsächlich meditiert mein Ehemann gar nicht, auch wenn ich behaupten würde, dass er als Musiker und Dichter recht achtsam und bewusst lebt. Als ich vor mehr als zehn Jahren zu meditieren begann, habe ich ihn natürlich auch ermutigt, es auszuprobieren. In der Hoffnung, dass er etwas positivem Gruppenzwang nachgeben würde, erzählte ich ihm, dass einige seiner liebsten Musiker wie Eddie Vedder und Ben Harper als engagierte Meditierende bekannt sind. Leider ist er darauf nicht eingegangen und schließlich habe ich mich entschlossen, es gut sein zu lassen. Vielleicht wird er sich eines Tages entscheiden, es auszuprobieren, aber im Moment funktioniert es in unserer Familie auch so. Dein Partner muss definitiv nicht selbst Achtsamkeit praktizieren, damit deine Familie von den weitreichenden Vorteilen deiner Praxis profitiert. Mach einfach dein Ding, und bald wird auch ihnen der unvermeidliche „Trickle-down-Effekt" zugutekommen.

Familienpraktiken

Wenn mich jemand fragt, in welchem Alter Kinder mit der Meditation beginnen können, erzähle ich gern eine Geschichte über meinen damals acht Monate alten Sohn. Es war Schlafenszeit, ich war erschöpft, und ich hatte einen dramatischen „Ich brauche meine Ruhe!"-Moment. Während ich meinen kleinen Jungen in inniger Umarmung hielt, begann ich ein paar lange, tiefe Atemzüge zu machen, um mich zu beruhigen. Zu meinem Erstaunen begann er langsam, seine Atemzüge zu verlängern, indem er sie mit meinen synchronisierte. Direkt vor meinen Augen lernte mein Sohn, sich seiner Atmung bewusst zu werden, die Aufmerksamkeit darauf zu lenken und sie zu kontrollieren – im Alter von nur acht Monaten. Nein, formell meditiert, also bewusst sein Ein- und Ausatmen beobachtet hat er nicht, aber er bildete eindeutig die erste Grundlage fürs Atembewusstsein.

Mein Kleiner war offensichtlich zu jung, um mündliche Anweisungen zu verstehen, und lernte dementsprechend durch unbeabsichtigtes, achtsames Anleiten. Und obwohl er in ganz vielem ganz toll ist, ist er kein kleines Achtsamkeits-Wunderkind.

Jedes Kind hat eine angeborene Begabung für Achtsamkeit und Meditation. Wenn du Achtsamkeit praktizierst, werden das deine Kinder automatisch bis zu einem gewissen Grade aufnehmen. Man kann also durchaus sagen, dass Kinder jeden Alters das Meditieren lernen können, egal, wie einfach die Lehreinheiten sein mögen.

Man kann sowohl die fünfminütigen Meditationen als auch viele der in diesem Buch erklärten Achtsamkeitsübungen mit Kindern machen. Ich ermuntere dich in jedem Falle ausdrücklich, deine Kinder wann immer möglich in Meditation und Achtsamkeit zu unterrichten. Es gibt viele Möglichkeiten, dies zu tun. Wir können es unseren Kindern direkt beibringen, oder sie ganz organisch und beobachtend an unserem eigenen Achtsamkeitsprozess teilhaben lassen, oder auch eine Kombination aus beidem. Es stehen auch viele wunderbare Bücher, CDs und Videos zur Verfügung, die dich dabei unterstützen. Vieles dabei hängt vom Alter deiner Kinder ab, und von ihrer Bereitschaft, Neues auszuprobieren. Jüngere Kinder neigen eher zu Neugier und möchten oft deine Praxis nachahmen. Wenn deine Kinder Teenager sind, kann es sein, dass sie dir etwa ein Jahrzehnt lang so gut wie nichts gleichtun wollen. Sicher, du kannst trotzdem mit ihnen darüber reden und ihnen einfache Praktiken zeigen. Hol sie so gut es geht dort ab, wo sie sind, und versuche, nichts zu erzwingen. Geh einfach möglichst immer mit gutem Beispiel voran.

Wenn du enttäuscht bist, dass deine Kinder kein Interesse daran haben, mit dir Achtsamkeit zu üben, lass es eine Weile ruhen. Meditation ist etwas, das man nicht erzwingen kann, und Kinder durchschauen unsere Finten und unsere Achtsamkeitsagenda leicht. Also lass deine Praxis auf deine Kinder ausstrahlen.

Das wird sie ohnehin automatisch: Wenn du sie sanft der Vielfalt an Möglichkeiten aussetzt, Achtsamkeit zu praktizieren, werden sie unweigerlich einige davon aufnehmen. Ich empfehle dir, deine eigene Agenda in regelmäßigen Abständen zu überprüfen. Diese Praxis ist für dich und nicht für irgendein Kinderverbesserungsprojekt, selbst wenn es aus Liebe kommt.

Wenn du mit deinen Kindern meditierst, empfehle ich dir dringend, das nur ergänzend zu tun und stets sicherzugehen, dass du auch weiterhin alleine übst. Es ist wichtig, diese fünf Minuten für sich selbst zu schützen, denn egal, wie wohlerzogen sich deine Kinder verhalten, wirst du beim gemeinsamen Meditieren über ihr Wohlergehen nachdenken anstatt über dein eigenes. Wie sehr auch immer du deine Familie teilhaben und mitlernen lässt, denk daran, immer zuerst deine eigene metaphorische Sauerstoffmaske aufzusetzen.

Der beste Zeitpunkt für deine vereinfachten (aber trotzdem unglaublich effektiven) Achtsamkeitsübungen

Ich ermutige dich sehr, dir jeden Tag Zeit für engagierte Achtsamkeitsmeditationspraxis zu nehmen. Aber was ist mit den anderen Momenten im Alltag, in denen du dich neu justieren und fokussieren musst? Das Schöne an der Achtsamkeit ist, dass wir jederzeit eine Übungspause einlegen können, egal, wo wir sind. Wie bei jedem Training gilt: Je mehr wir unsere Aufmerksamkeit auf den Moment lenken, desto einfacher wird es. Wir können die Qualität unseres Lebens dramatisch erhöhen, indem wir kleine, bewusste Anpassungen in unserem Verhalten vornehmen. Diese absichtlichen Änderungen haben einen Dominoeffekt, der es uns ermöglicht, in unserem Leben Raum zu schaffen für das, was wirklich wichtig ist.

Die hier vorgestellten Achtsamkeitsübungen sind Strategien für schwierige Situationen, die sofortigen Zugang zu etwas Ruhe erfordern. Sie verstärken auch die gewöhnlichen, schönen Momente, die wir oft verpassen, wenn wir mit dem Autopiloten unterwegs sind. Die im Folgenden beschriebenen Achtsamkeitsübungen ermöglichen es dir, Achtsamkeitspraxis auf vielfältige Weise den ganzen Tag über zu leben. Wir beginnen mit den grundlegenden Achtsamkeitsübungen, welche die Basics vermitteln. Sie heben die Verbundenheit von Körper und Geist hervor und können als Bausteine für die Achtsamkeitspraxis verwendet werden. Zusätzliche Kapitel sind entlang weiterer Anwendungen im größeren Kontext des täglichen Lebens organisiert. Einige sind für den Einsatz zu Beginn deines Tages konzipiert, oder wenn dieser sich dem Ende zuneigt. Andere konzentrieren sich auf Strategien für Selbstfürsorge, Verbundenheit mit deiner Familie und den Umgang mit Situationen in der Welt da draußen. Einige der Übungen sind universell und können zu jeder Zeit und in jeder Phase der Elternschaft eingesetzt werden. Andere wurden hinsichtlich bestimmter Etappen konzipiert: Flaschen- oder Bruststillen deines Neugeborenen, mit Teenagern klarkommen oder die Hausaufgabenbetreuung.

Vielleicht beginnst du zunächst mit einer Achtsamkeitsübung und lernst alle paar Tage eine neue. So wirst du im Handumdrehen viele solcher Methoden zu deinem Repertoire hinzugefügt haben. Du kannst sie natürlich auch neu kombinieren und sogar deine eigenen Versionen ausdenken, um sie den speziellen Bedürfnissen und Umständen deiner Familie anzupassen. Die Achtsamkeitsübungen können dabei helfen, Unangenehmes in Erträgliches, Chaos in Ruhe und Gewöhnliches in Außergewöhnliches zu verwandeln.

Im Folgenden möchte ich dir konkret zeigen, wie einige Mütter Achtsamkeitsübungen effektiv eingesetzt haben:

Sara, eine verheiratete, gebildete Hausfrau und Mutter von drei Jungs, brachte ihnen und ihrem Mann bei, jeden Abend nach dem Essen die Drei-Atemzugs-Umarmung (Seite 64) anzuwenden. Schon bald hatte sich diese in eine lustige, familieneigene Drei-Atemzugs-Gruppenumarmung verwandelt. Sie praktizierte außerdem die Power-Pause (Seite 32) an verschiedenen Zeitpunkten während ihres Tages und erinnerte sich dadurch immer wieder daran, durchzuatmen und ein bisschen runterzukommen. Sara erzählte mir, dass diese kleinen Veränderungen sich nicht überfordernd und gezwungen anfühlten, sondern fließend leicht inmitten ihres Alltags einkehrten. Sie war erstaunt darüber, wie ruhig und entspannt sie sich fühlte, während sie tägliche Notwendigkeiten erledigte.

Eines scheinbar normalen Tages kam Saras Fünfjähriger zu ihr, legte seine kleinen Arme um ihren Hals, blickte ihr in die Augen und sagte: „Mami, ich liebe es, wenn du glücklich bist und lächelst. Es macht so viel Spaß, mit dir zu spielen!" Als Sara sich mit Tränen in den Augen an diesen Moment erinnerte, erkannte sie, wie ihre Achtsamkeitsübung auch ihr Familienleben positiv beeinflusste.

Nicole, eine berufstätige Mutter zweier Teenager, erzählte, wie sie die Übung „Erwachen in Dankbarkeit" (Seite 43) jeden Morgen vor dem Aufstehen durchzuführen begann. Sie berichtete, wie überrascht sie war, ihrem Mann und ihren Kindern automatisch mehr Dankbarkeit entgegenzubringen. Bald begann sie auch, die ansteckende Wirkung zu erkennen, als ihre Familie ebenso begann, sich ihr gegenüber dankbarer zu zeigen und allem, was sie für sie tut, mehr Wertschätzung entgegenzubringen – keine Kleinigkeit für zwei Teenager. Nicole hat inzwischen auch gelernt zu erkennen, wann sie ein paar tiefe Atemzüge nehmen, feste Grenzen setzen oder sich für eine fünfminütige IWAD-Pause (Seite 38) zurückziehen muss. Ihre Familie ermutigt sie dazu, weil sie die positiven Veränderungen in den letzten Jahren gesehen hat. Nicole sagte mir: „Ohne Übertreibung, Achtsamkeit hat meinen Verstand gerettet. Ich fühlte mich überfordert und missachtet. Manche Tage sind immer noch wirklich hart, aber mein Achtsamkeitstraining erinnert mich stets daran, dass morgen ein neuer Tag ist, und ich mich immer auf diese wenigen tiefen Atemzüge verlassen kann, um alles durchzustehen."

Carolyn, eine alleinerziehende Mutter mit drei Kindern im Alter von zwanzig, fünfzehn und zwölf, kümmert sich auch um ihre in der Nähe wohnenden altersschwachen Eltern. Sie sagte mir (mit einem Lachen), dass sie es jetzt tatsächlich genießt, jeden Abend die Kaffeemaschine in Erwartung ihrer morgendlichen Kaffee-Achtsamkeitsübung (Seiten 45–46) einzustellen. Das Gefühl, für so viele Menschen verantwortlich zu sein und sich morgens konfus zu fühlen, ließ Carolyn außerdem bald mit dem Einüben der Achtsamkeitsübung „Den nächsten Tag vorbereiten" (Seite 200) beginnen. Auch ihren drei Kindern brachte sie bei, die Übung in ihre Abendroutine zu integrieren. Carolyn sagte, dass sie vor dieser Achtsamkeitspraxis oft unweigerlich ärgerlich wurde: „Ich schrie meine Kinder an, weil sie unordentlich waren oder sich nicht so verhielten, wie ich sie mehrfach gebeten hatte, und am Ende artete alles in Tränen und Wut aus." Diese Achtsamkeitsübung ermöglichte ihnen nicht nur einen viel friedlicheren Start in den Tag, sie animierte Carolyns Kinder auch zu mehr Unabhängigkeit, indem sie mehr Verantwortung übernahmen.

Neben dem Einsatz von Achtsamkeitsübungen, die ihrem jeweiligen trubeligen Leben entsprechen, machte jede dieser Mütter die tägliche Meditation zur obersten Priorität. Genauso wirst auch du am meisten profitieren, wenn du die tägliche Fünf-Minuten-Meditation mit Achtsamkeitsübungen kombinierst. Diese Praxis hat mir in meiner Tagesgestaltung mehr Präsenz, Freude, Lachen, Spaß, Verbundenheit, Empathie, Balance und bewusste Entscheidungen beschert. Und das ist auch das, was ich mir für dich wünsche.

KAPITEL I

Grundlegende Achtsamkeitsübungen

Wir alle wollen, dass unsere Kinder glücklich sind und dass sie sich wohlfühlen, damit sie im Leben ihr ganzes Potenzial entfalten können. Die sehr reale Seuche von Terminflut und Stress in der Gesellschaft betrifft uns aber alle. Sie gefährdet unseren Wohlstand, unsere Gesundheit und unser Glück. Leider sind unsere Kinder nicht immun dagegen. Als vielbeschäftigte Mütter sind wir bereit, alles Notwendige zu tun, um sicherzustellen, dass unsere Kinder das Beste bekommen, was wir bieten können. Dabei vernachlässigen wir oftmals unser eigenes Glück, das aber ein wesentlicher Bestandteil ihres Erfolgs ist. Wir verinnerlichen die fehlgeleitete gesellschaftliche Vorstellung, dass es egoistisch und selbstverliebt ist, wenn wir uns Zeit für uns selbst nehmen, und wir übernehmen dabei die irrtümliche Botschaft, dass unsere Kinder uns mehr brauchen, als wir diese wenigen revitalisierenden Momente des Alleinseins benötigen.

Die Notwendigkeit, zuerst unsere eigenen Sauerstoffmasken aufzusetzen, ist aber aus gutem Grund eine zutreffende Metapher. Wenn unsere (als *Energie* verstandene) Luftzufuhr erschöpft ist, sind wir für unsere Familien ziemlich nutzlos. Ganz zu schweigen davon, dass Stimmungen hochgradig ansteckend sind; daher bleiben unsere Ängste und Frustriertheiten nicht unbemerkt. Unsere Kinder spüren und absorbieren unsere Stimmungen einschließlich unseres Stresslevels, selbst wenn wir die Kontrolle darüber zu behalten versuchen.

Wenn meine Kinder durchdrehen, nehme ich das als Anreiz, meine Reaktionen und Einstellungen zu befragen. Es sind hilfreiche Erinnerungen daran, wie die Ansteckungsgefahr von Stimmungen zur aktuellen Situation beigetragen haben kann. Es ist keineswegs so, dass ich es deswegen vermeide, meine Kinder für ihre Taten verantwortlich zu machen oder mir gar selbst Schuld für ihr Fehlverhalten gebe. In vielen Fällen aber ist ihr Verhalten ein genaues Barometer für mein Stressniveau im jeweiligen Moment. Hast du umgekehrt bemerkt, wie die Kommunikation mit deinen Kindern an Tagen, an denen du ruhig und ausgeruht bist, auch viel friedlicher verläuft? Auf Gedeih und Verderb saugen Kinder unsere Emotionen und Reaktionen wie kleine Schwämme auf. Sie spüren unsere Ängste, unsere Sorgen, unsere Freude oder unser Gefühl der Leichtigkeit.

Um uns (und damit auch unsere Familien) mit frischer Kraft und Ruhe neu zu beleben, reicht es glücklicherweise aus, im Alltag kleine Zeitfenster zum Atmen zu finden. Zu Hause können wir ein Gefühl der Ruhe und Gelassenheit durch kurze, Stress und Überlastung mildernde Momente der Achtsamkeit bewusst pflegen. Was für ein Geschenk für unsere Familien. Was für ein Geschenk für uns selbst. Und ganz egal, in welcher Phase der Mutterschaft man ist, kann jede von uns von konsequenten, achtsamen Remindern profitieren.

Die folgenden Übungen bilden eine Grundlage für das Gesamtkonzept der Achtsamkeit. Da sie allgemeinerer Art sind, können sie zu jeder Tageszeit und so oft wie gewünscht praktiziert werden. Während du den Rest der Achtsamkeitsübungen durcharbeitest, mag es dir helfen, gelegentlich auf sie zurückzukommen (insbesondere das Bewusstseinsdreieck). Das kann beispielsweise der Fall sein, wenn du eine Auffrischung benötigst, vergessen hast, worauf dein Fokus bei den Achtsamkeitsübungen liegen sollte, oder wenn du einfach mal fünf Minuten brauchst, um dich zu refokussieren und auszuruhen.

Das Bewusstseinsdreieck

❦

Das Bewusstseinsdreieck ist ein hilfreiches Konzept, um zu zeigen, dass Achtsamkeit aus unseren Körperempfindungen (einschließlich des Atems), Gedanken und Emotionen besteht. Jeder dieser Aspekte kann als Eckpunkt auf einem Dreieck dargestellt werden, während achtsames Bewusstsein das Zentrum bildet. Diese drei Punkte (Körperempfindungen, Gedanken und Emotionen) wirken sich aufeinander aus, genau wie unser Geist und unser Körper sehr eng miteinander verbunden sind. Wenn ein intensives Gefühl ausgelöst wird, kannst du sicher sein, dass es auch von starken Körperempfindungen und Gedanken begleitet wird.

Zur Illustration eignet sich dieses Beispiel: Es ist frühmorgens an einem Schultag und meine Tochter muss sich noch anziehen, ihre Zähne putzen und ihre Haare bürsten. Ich blicke auf die Uhr und merke, dass es jetzt 6:45 Uhr ist und der Bus schon in fünfzehn Minuten da sein wird. Mein erster Gedanke ist: „Sie schafft es vielleicht nicht rechtzeitig zur Bushaltestelle." Dann bemerke ich, wie sich mein Pulsschlag etwas beschleunigt (Körperempfindung), wodurch auch Gefühle von Frustration und Angst ausgelöst werden. Als nächstes sage ich zu meiner Tochter in einem merklich hohen Ton: „Du musst schneller machen, sonst verpasst du den Bus!" Mein nächster Gedanke ist, dass ich sie in einem zwanzigminütigen Umweg zur Schule fahren muss, sollte sie tatsächlich den Bus verpassen. Das hieße, dass ich auf jeden Fall zu spät zur Arbeit käme und meinen ersten Patienten verpassen würde. Da straffen sich meine Kiefermuskeln, die Schultern spannen sich an, während sich auch meine Atmung und Herzfrequenz erhöhen (Körperempfindungen). Du siehst, wie jeder Punkt auf dem Dreieck die anderen beeinflussen kann, in einer Art ne-

> Zwischen Reiz und Reaktion gibt es einen Raum. In diesem Raum haben wir die Freiheit und die Macht, unsere Reaktion zu wählen. In unserer Reaktion liegen unser Wachstum und unsere Freiheit.
>
> —Viktor Frankl

gativem Dominoeffekt. Genau hier kann unsere Achtsamkeitspraxis von großem Nutzen sein, wenn wir sie bewusst genug einsetzen.

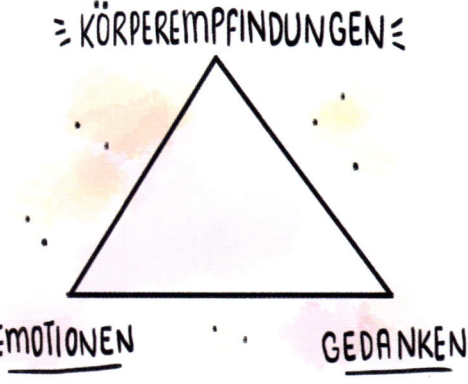

In Abhängigkeit von meinem Achtsamkeitszustand in diesem Moment kann ich auf eine von zwei Arten reagieren. An einem Tag, an dem ich nicht in Bestform und nicht besonders bewusst bin, könnte ich meine Tochter anfahren: „Beeil dich! Ich bin es leid, morgens so aus der Tür zu eilen!" Nicht mehr meiner Gedanken und Gefühle bewusst, geschweige denn Herrin meines Verhaltens und meiner Worte, wäre ich emotional gekapert worden von meinem Stress. Dieses Szenario könnte in Tränen und Geschrei enden, und angesichts des unnötigen Ausrutschers Schuldgefühle auslösen (*Was für eine Achtsamkeitslehrerin bist du überhaupt?*).

An einem achtsameren Tag hätte ich die Kapazität, um innezuhalten, meine Körperempfindungen zu bemerken (*Whoa, meine Schultern berühren praktisch meine Ohren. Mein Kiefer ist angespannt.*), ein paar Mal durchzuatmen und viel bedachter zu reagieren: „Süße, wir müssen uns echt etwas beeilen, damit wir den Bus kriegen." Die Wahrscheinlichkeit, dass meine Tochter gut reagiert, ist so viel größer und auch mein Blutdruck bleibt dann im Normalbereich. Ich habe jetzt auf die stressige Situation selbst reagiert, anstatt nur nach einem alten, gewohnten und nicht hilfreichen Muster zu handeln. Wenn wir die Übersicht verlieren, fühlt sich das überfordernd und schlimm an. Aber wenn wir in der Lage sind, innezuhalten und zurückzutreten, sehen wir, dass die Bedrohung lediglich in unserer Wahrnehmung lag und das Ergebnis des Umherwirbelns im Bewusstseinsdreieck war.

Die Bewusstseinsdreiecks-Achtsamkeitsübung: Halte an einem beliebigen Zeitpunkt des Tages inne und nimm wahr, was an den drei Punkten des Dreiecks los ist. Das geht ganz unabhängig davon, ob gerade eine herausfordernde Situation zu meistern ist. Welche Körperempfindungen hast du? Vielleicht zieht deine Stirn Sorgenfalten, sind deine Schultern angespannt und deine Hände zusammengepresst. Welche Gedanken sind da? Ist da ein Urteilen? Irgendwelche Vorstellungen? Sorgen? Wie sieht es mit Gefühlen aus? Ist da Frustration, Schmerz, Wut, Glück? Akzeptiere es so gut du kannst und versuch nicht, es zu leugnen oder zu ändern.

Je mehr du diese Achtsamkeitsübung machst, desto einfacher wird es werden, Empfindungen, Gedanken und Emotionen zu identifizieren, die möglicherweise nicht sofort offensichtlich sind. Sie einfach zu beobachten und zu benennen, reicht oft, um uns einen Moment zu geben, um uns zu sammeln, ein paar tiefe Atemzüge zu machen und unseren Reaktionen bewusst eine andere Richtung zu geben. Hab Geduld mit dir, während du mit dem Dreieck lernst und experimentierst. Vergib dir, wenn du mit einer Situation unbedacht umgehst, und wisse, dass Achtsamkeit lebenslanges Üben erfordert. Und es ist immer eine neue Gelegenheit direkt um die Ecke.

Den Autopiloten beenden

Wie oft ist es dir passiert, dass du zu einem Routineziel gefahren bist und bei Ankunft gemerkt hast, dass du dich nicht an den Weg dorthin erinnern kannst? Selbst wenn du nicht direkt abgelenkt warst oder gerade gegessen hast, hattest du dich vermutlich in deinen Gedanken verloren, warst also ganz woanders. Du hast vielleicht den Einkauf geplant, dir ein bevorstehendes Ereignis vorgestellt oder warst in Erinnerungen an ein Gespräch vom Vortag vertieft. Die Autorin und Meditationslehrerin Dr. Tara Brach nennt das eine virtuelle Realität, die letztlich das Gegenteil von Achtsamkeit ist.

Was wir mit der Achtsamkeitspraxis trainieren wollen, ist es zu bemerken, wenn wir in dieser virtuellen Welt stecken, um uns dann sanft in die Gegenwart zurückzuholen und mehr im Hier und Jetzt zu leben. Es ist unmöglich, den natürlichen Gedankenfluss komplett aufzuhalten. Und Tagträumen kann ja auch eine wunderbare Sache sein – so entstehen Kreativität, Hoffnungen und Träume. Warum also ist es so wichtig, dass wir unser Gehirn darauf trainieren, mehr im gegenwärtigen Moment zu sein? Wenn wir im gegenwärtigen Moment und nicht in jener von Dr. Brach beschriebenen virtuellen Realität leben, haben wir die Wahl, wie wir leben und wie wir reagieren. Andernfalls haben wir wirklich keine Kontrolle über unsere Reaktionen und Entscheidungen. Wir reagieren dann nur automatisch, ohne viel Bewusstsein oder echte Absicht.

Es gibt Zeiten, in denen es sehr unangenehm ist, im Moment zu leben. In solchen Fällen kann es sein, dass wir es bewusst oder unbewusst vermeiden, präsent zu sein, weil es zu schmerzhaft oder intensiv erscheint. Diese Verweigerung kann vorübergehend hilfreich sein, aber wenn wir in der Leugnung bleiben, entwickeln wir ungesunde, oft süchtig machende Bewältigungsmuster. Wenn wir nicht achtsam sind, finden wir in der Regel irgendeinen Weg, um intensive Gedanken und Gefühle zu betäuben. Zu viel Essen, übermäßiger Alkoholgenuss und illegaler Drogenkonsum sind allesamt bekannte ungesunde Gewohnheiten, auf die manche bei Stress zurückgreifen. Es gibt natürlich auch kulturell stärker anerkannte Gewohnheiten wie Arbeitssucht und Geschäftigkeit. Denn letztere sind nicht nur sozialverträglicher, sondern werden in vielen Bereichen gar gefördert und verehrt. In unserer Kultur des Beschäftigtseins werden die starken negativen Auswirkungen oft erst durch einen Weckruf in Form von Krankheit, Beziehungsverlust oder eine andere schwere Lebenskrise sichtbar.

All diese ungesunden Muster haben gemeinsam, dass sie ausschließlich dazu dienen, einer Person dabei zu helfen, unangenehme Gedanken, Emotionen oder Körperempfindungen zu vermeiden. Indem wir unser Bewusstsein absichtlich und mitfühlend auf diese gewohnten Bewältigungsstrategien lenken, bleiben wir achtsam im Moment, selbst wenn wir mit unangenehmen und überfordernden Gefühlen konfrontiert werden. Das hat eine enorm ermächtigende Wirkung und erlaubt es uns, eine proaktivere, mutigere Rolle in unserem sich von Augenblick zu Augenblick entfaltenden Leben einzunehmen. Anstatt aus mangelndem Wissen oder Interesse nur Passagiere auf dem Rücksitz unserer Lebensreise zu sein, können wir auf den Fahrersitz klettern, das Lenkrad fest in unsere Hände nehmen und unser Leben bewusster steuern.

> Es gibt zwei Arten, sein Leben zu leben: Entweder so, als wäre nichts ein Wunder, oder so, als wäre alles eines.
> —*Albert Einstein*

Die Achtsamkeitsübung „Den Autopiloten beenden": Bemerke  es, wenn du im Autopiloten unterwegs warst. Halte inne und bring deine Aufmerksamkeit auf den Atem. Beobachte dein Ein- und Ausatmen. Dann frag dich, ob es irgendetwas gibt, das du durch deinen Besuch in der virtuellen Realität vermeidest. Es mag sein, dass dein Geist einfach so in diese virtuelle Realität geschlüpft ist, weil er das ständig tut. Du wirst aber vielleicht auch gelegentlich merken, dass du eine wichtige Entdeckung gemacht hast. Wenn wir ehrlich zu uns selbst sind, kann es ein kraftvolles Training unserer Selbstwahrnehmung sein. Du musst nicht sofort alle Lösungen haben, wenn dein Leben eine Veränderung erfordert. Wir müssen zuerst einmal zulassen zu erkennen, was wir vermeiden, bevor wir dagegen vorgehen können.  Es ist der entscheidende erste Schritt. Wenn diese Übung unbequeme Gefühle hervorgerufen hat, sieh dir die Achtsamkeitsübung für unangenehme Momente (Seite 171) an, um mehr zu erfahren. Gratuliere dir selbst dazu, dir die Zeit und den Raum genommen und damit deiner eigenen Weisheit zugehört zu haben.

Die
Power-Pause

M ein idealer Urlaub sieht so aus, dass ich ohne von Kindern oder einem elektronischen Alarm geweckt worden zu sein, aufstehe, meditiere, Kaffee und Frühstück genieße und anschließend in einen abenteuerlichen Tag mit Wandern, Radfahren oder Kajakfahren starte. Ich liebe es, nach einem Tag in der Natur müde von frischer Luft und Bewegung nach Hause zu kommen, zu duschen und entspannen, dann etwas Gutes zu essen und einen Wein oder ein lokales Bier zu trinken. Schließlich für den Nachtisch noch ein Ausflug zur Eisdiele um die Ecke, ein wenig lesen und ab ins Bett. Und am nächsten Tag genau dasselbe. Das mag für manche schrecklich langweilig klingen, aber ich finde es himmlisch.

In den letzten Jahren umfasste unser täglicher Urlaubsplan eine Art erzwungene Mittagsruhe für alle, weil unser Kleinkind noch ein zweistündiges Nickerchen brauchte, um sein Gemüt – und somit auch unsere Nerven – stabil zu halten. Angesichts des Umstandes, dass wir nicht in der Lage sein würden, einen ganzen Tag lang auf anspruchsvollsten Wegen zu wandern oder eine Radtour auf den höchsten Berg hinauf zu machen, begriffen wir diese Ruhezeit zunächst als eine Art zum Wohl aller notwendige Unannehmlichkeit. Stattdessen aber wurde es zu einer Lektion in der Schönheit der Entschleunigung. Was für ein unerwartetes Geschenk.

Als mein kleiner Sohn seinen lockigen Kopf also mittags für eine Weile hingelegt hatte, machte ich zur Abwechslung etwas radikal anderes: Ich hielt inne. Ich beobachtete meinen Körper, mein Herz und meinen Geist. Ich erkannte, worum es in diesen paar Stunden der Ruhe ging. Wie wollte ich diese Zeit wirklich verbringen? Ein eigenes erholsames Nickerchen, mit meiner Tochter den nahe gelegenen Strand erkunden, ein unterbrechungsfreies Gespräch mit meinem Mann, Zeit zum Lesen oder einfach nur Sitzen und Träumen, während ich zuschaute, wie der Wind sanft die Blätter eines Baumes tanzen lässt?

Es dauerte ein paar Tage, aber ich fühlte langsam, wie sich mein Körper entspannte und sich meine Muskeln förmlich mit einem Seufzer der Erleichterung für die Pause bedankten. Das war kein Ruhen im Sinne von Verödung oder Nichtgebrauch, sondern eine bewusste, entspannte Weise achtsamer Bewegung, Übung und Ruhe. Mein Tempo ging runter, mein Atem wurde langsamer, mein Verstand klarer, und ich nahm wieder eine tiefere Verbindung dazu auf, wie ich mein Leben leben will: noch mehr auf die kleinen Freuden achten, einschließlich des Glücks der Ruhe.

Bei ihren ersten Meditationserfahrungen erklären viele Leute, wie viel einfacher es ist, sich in meinem Übungsraum zu konzentrieren als zu Hause. Dort schreien nämlich unzählige Ablenkungen nach unserer Aufmerksamkeit. Das Gleiche gilt für das Pausieren und Entschleunigen. Es ist viel einfacher, im Urlaub das Tempo zu verlangsamen als zu Hause inmitten von Alltag und Chaos. Aber es ist machbar.

Der Schlüssel besteht darin, anzuhalten und still zu sein, um die Stimme im Inneren zu hören, die sich nach mehr Verspieltheit, Ruhe und Aufmerksamkeit sehnt. Es beeinflusst unsere Entscheidungen auf eine blockierende Weise, wenn wir nie langsamer werden, um zuzuhören. Wir sind dann in der Lage, aus unserer automatischen Konditionierung auszusteigen und die Stimme zu hören, um herauszufinden, was wir wirklich wollen, was wirklich nötig ist und was nicht. Jeder braucht etwas Zeit und Raum, um neue Vitalität und Kreativität zu schöpfen. Es ist eine Praxis, zu der wir uns bewusst entscheiden können. Wir können das Tempo selbst bestimmen und so unsere Momente, Tage und Leben gestalten.

> Achtsamkeit gibt uns nicht alle Antworten, erlaubt es uns aber, die Fragen besser wahrzunehmen.
> —*Shauna Shapiro*

Die Power-Pausen-Achtsamkeitsübung: Leg während des Tages Pausen ein und lenke dein Bewusstsein auf das Tempo, das du für dich festgelegt hast. Ruf dir seine Nützlichkeit in Erinnerung, und wenn nötig: entschleunige. Nimm dir eine Auszeit, trotz der endlosen To-do-Liste. Das kann bedeuten, dass man sich vom Computer entfernt und einen Moment zum Dehnen nimmt oder auch ein halbstündiges Nickerchen macht, wenn die Umstände es erfordern. Die Power-Pause kann helfen, uns aus unserem unbewussten, gewohnten Zustand herauszuziehen und uns daran zu erinnern, aufmerksamer zu sein. Erlaube es dir, bedingungslos einfach nur zu sein, lass angesichts der To-do-Liste mal locker und genieß die kleinen täglichen Vergnügen.

Bodyscan

Es gibt Leute, die sich ihrer sich ständig verändernden Körperempfindungen sehr bewusst sind. Sie sind von Natur aus in der Lage, sie zu erkennen und benennen. Das kann beispielsweise Schmerz, Temperatur, Juckreiz, Berührung, Hunger, Durst, Muskel- und Organempfindungen umfassen.

Meine Tochter hat zufälligerweise ein hohes Maß dieser Fähigkeit, den Körperzustand zu erfassen. Das hat Vor- und Nachteile, ist aber insgesamt etwas Positives. Zum Beispiel kann sie die Symptome einer nahenden Migräne erkennen und so oft einen vollständigen Ausbruch durch präventive Medikamente vermeiden. Der Nachteil ist, dass sie die Empfindungen (einschließlich der Migräne selbst) intensiver wahrnimmt, als es jemand anderes tun würde, also mehr aushalten muss. Das wurde mir klar, als sie schon als kleines Mädchen ohne Aufforderung begann, ihre Körperempfindungen detailliert zu beschreiben.

Lass mich ein paar Beispiele nennen. Als langjährige Bücherfreundin freute ich mich auf den Tag, an dem meine kleine Tochter selbst lesen können würde, in der Hoffnung, dass sie mir als Nachwuchs-Leseratte in meinen Fußstapfen folgen würde. Als Kleinkind sammelte sie so viele Bücher wie ihre kleinen Arme tragen konnten, warf sie vor meinen Füßen auf einen Haufen und drängte mich mit dieser süßen, zweijährigen Stimme: „Lesen bitte." Ich war sehr gern bereit, ihr zu gehorchen.

Weil sie noch ziemlich jung war und ich noch gar nicht richtig versucht hatte, ihr Lesen beizubringen, war ich ganz überrascht, als ich bemerkte, dass sie schon anfing, selbstständig zu lesen. Sie saß beim Frühstück auf meinem Schoß, während ich die Zeitung überflog, und plötzlich fing sie an, auf bestimmte Wörter zu zeigen und sie laut vorzulesen. Mein Mund stand offen vor freudiger Überraschung: „Du kannst lesen!" Sie schien genauso aufgeregt zu sein wie ich und fing an, strahlend alle möglichen einfachen Wörter zu lesen, die sie irgendwo fand. Als ich ihr sagte, wie stolz ich auf sie war, grinste sie breit und sagte: „Mami, wenn du das sagst, bringt das meinen Bauch zum Kribbeln!"

Ein anderes Mal, als sie ein Vorschulkind war, sprachen wir darüber, wie sie sich fühlt, wenn sie sich schlecht benimmt. Ohne Umschweife beschrieb sie, wie unangenehme Wellen in ihrem Bauch entstehen und er weh tut. Ich sagte ihr, wie toll es ist, dass sie diese Körperempfindungen wahrnehmen kann, und sie antwortete: „Mami, dieses Gefühl in meinem Bauch ist groß, das würde jeder bemerken!" Da bin ich mir aber nicht so sicher.

Denn für viele von uns ist das Körperbewusstsein ja eher so etwas wie eine Fremdsprache. Je nach deiner Persönlichkeit, Erziehung und Genetik, kannst du dich überall auf dem Kontinuum befinden, zwischen hochsensibel für Körperempfindungen bis hin zu kaum beeindruckt, selbst wenn deine Haare in Flammen stehen. Und unsere Kultur unterstützt zusätzlich diesen „Ja, ich habe Schmerzen, aber ignorieren wir es und machen einfach weiter"-Ansatz. Es ist hilfreich, zu wissen, wo man sich auf dem Kontinuum befindet, und dazu zu stehen. Wie so oft liegt das gesündeste und nützlichste Maß sicher irgendwo in der Mitte.

Wenn du sehr sensibel bist, wird dein Ziel eher sein, diese intensiven Empfindungen zu bemerken, zu benennen und entspannt zu betrachten, anstatt sie weiter zu verstärken. Wir anderen Menschen können davon profitieren, dass wir lernen, unsere körperlichen Wahrnehmungsfähigkeiten zu verbessern. Die gute Nachricht dabei ist, dass unsere Beobachtungsgabe durch Achtsamkeitspraxis wachsen kann.

Diese Art der Sensibilität beinhaltet auch das Bewusstsein dafür, was als Bauchgefühl bezeichnet wird. Wie oft hast du schon von Leuten den Ratschlag gehört, dass du deinem Bauchgefühl vertrauen sollst? Für diejenigen unter uns, die schlecht Zugang dazu haben, ist das so ähnlich, wie wenn man jemandem mit einer Panikattacke sagt, er solle sich einfach beruhigen. Es ist nicht so einfach. Wir müssen es lernen. Aber wenn wir lernen, auf unsere verschiedenen inneren Körperempfindungen und unser Bauchgefühl zu hören, eröffnet uns das ein Wissen nicht nur darüber, was sie bedeuten (*Ah, es sticht ein kleiner Schmerz in meinem Rücken – ich muss darauf achten, wie ich den Wäschekorb aufhebe*), sondern auch darüber, welche Entscheidungen zu treffen sind (Bei der Suche nach einer geeigneten Schule für dein Kind kann es passieren, dass sich die eine Option einfach besser anfühlt als die andere, ohne dass du genau sagen könntest, warum – da meldet sich dein Bauchgefühl).

Jetzt, da meine Tochter älter ist, hoffe ich, dass sie diese unangenehmen Wellen in ihrem Bauch als Zeichen dafür versteht, dass sie im Begriff ist, eine schlechte Entscheidung zu treffen, und den Kurs möglichst doch noch ändert. Das ist für Kinder, aber auch für Eltern von unschätzbarem Wert, beispielsweise beim Thema Gruppenzwang. Für Mütter kann dies ein hilfreiches Barometer sein, wenn es darum geht, unser Stresslevel in Schach zu halten.

Da Körperempfindungssensibilität nicht oft gelehrt wird, sind sich viele von uns nicht bewusst, wie sich Stress im Körper manifestiert, bis es irgendwann offensichtlich wird. Stress kann langsam auf uns zu kriechen, und scheinbar aus dem Nichts haben wir dann plötzlich chronische Kopfschmerzen, Magenbeschwerden, ein schwaches Immunsystem oder schmerzhafte Muskelverspannungen. Je aufmerksamer wir unserem Körper gegenüber sind, desto eher bemerken wir subtile Veränderungen noch während sie auftreten, und desto mehr können wir mit klugen Entscheidungen für uns sorgen. Die Bodyscan-Achtsamkeitsübung bringt uns bei, etwas Tempo rauszunehmen und bewusst wahrzunehmen, wie Körperempfindungen entstehen und sich verändern. Das kann auch wunderbar beruhigend und erfrischend sein.

Die Bodyscan-Achtsamkeitsübung: Leg dich möglichst auf eine bequeme Oberfläche, bedecke dich vielleicht mit einer Decke, da der Körper dazu neigt, sich bei Ruhe ein wenig abzukühlen. Diese Übung kann auch jederzeit im Sitzen, Stehen oder mit offenen Augen durchgeführt werden, wobei ich dich ermutige, es zuerst im Liegen zu versuchen. Wir wollen für den Bodyscan idealerweise wach bleiben. Wenn du also Gefahr läufst, einzuschlafen, solltest du vielleicht deine Augen offen behalten. Ansonsten kannst du sie ruhig schließen.

Nimm ein paar langsame, tiefe Atemzüge. Lass deinen ganzen Körper entspannen und ins Bett, die Couch oder den Boden sinken. Beginne bei den Füßen und spüre jeglichen Körperempfindungen nach, die vorhanden sind, egal, ob stark ausgeprägt oder ganz subtil.

Während du deinem Körper mit Neugierde begegnest, schaue, ob du loslassen und die Körperteile entspannen kannst, in denen sich

vielleicht ein gewisser Druck befindet. Keine Sorge, wenn es manchmal schwierig ist, ein Gefühl zu erkennen, oder es einen Bereich gibt, der sich neutral anfühlt; du wirst mit zunehmender Übung immer subtilere Empfindungen wahrnehmen. Verbringe ein paar Sekunden mit jedem Körperteil, während du langsam den Körper nach oben scannst und deine volle Aufmerksamkeit auf Knöchel, Unterschenkel, Knie, Oberschenkel, Becken, Hüften, Gesäß, Rücken und so weiter richtest, bis du deine obere Kopfhaut erreichst. Nachdem du die einzelnen Körperteile durchgegangen bist, beobachte deinen Körper als Ganzes. Entspann dich und lass jede verbliebene Anspannung los. Vielleicht dankst du deinem Körper noch dafür, wie er dir stets dient, während du dich langsam erhebst und dieses entspanntere, körpersensiblere Bewusstsein in den nächsten Tagesabschnitt mitnimmst. Überprüfe ab und zu deine Körperempfindungen. Sei neugierig gegenüber dem Bauchgefühl. Wenn du anfängst, darauf zu achten, wirst du zwangsläufig etwas erfahren. Vertrau ihm und setze es weise ein.

Die IWAD-Pause

✿✲

Hättest du gestern Abend nach dem Abendessen nach mir gesucht, hättest du mich in der dunklen Abstellkammer sitzend gefunden. Ich habe mich dort nicht vor meiner Familie versteckt, sondern das genommen, was ich als IWAD-Pause bezeichne.

Dreißig Minuten zuvor war ich von einem langen Arbeitstreffen nach Hause gekommen, mit Kopfschmerzen und dem Gefühl, von Fristen überfordert zu sein. Ich trat direkt ins Chaos meiner Kinder, die freudig kreischend durchs Haus rannten. Wäre ich in einer anderen Geistesverfassung gewesen, hätte ich mich über die Lebendigkeit gefreut. An dem Abend war das anders. Als mir die Lautstärke entgegenschlug, fühlte ich Gedanken in meinem Kopf wirbeln und Ungeduld, die wie ein Sturm in mir aufbrauste. Wenn ich nichts täte, um den Kurs zu ändern, war ich sicher, dass ich ausflippen und mich vor den Augen meiner Familie von einer achtsamen Mami in eine Terrormutter verwandeln würde. Oh, wie habe ich in der Vergangenheit versucht, mich unauffällig durch diese drohenden Gefühle zu boxen – mit meist katastrophalen Folgen. Ich wusste aus Erfahrung, dass es für uns alle viel besser wäre, wenn ich direkt in die Kammer ginge und eine kleine Pause machte. Anstatt auszuflippen, machte ich eine IWAD-Pause:

Innehalten, Wahrnehmen, Akzeptieren und Durchatmen.

Also ging ich in die Kammer, zu allerlei Klamotten und Zeug – kein besonders magischer Ort, abgesehen von seiner Abgeschiedenheit und Ruhe. Ich machte eine IWAD-Pause, um mich, meinen Mann, meine Kinder und den Hund vor einer Mama am Rande des Durchdrehens zu bewahren.

Man ist nicht immer in der Lage, sich von Stresssituationen räumlich zu distanzieren, aber wenn wir mit der IWAD-Pause vertraut sind, können wir lernen, sie überall und jederzeit einzusetzen. Es braucht Übung, Geduld und vor allem etwas Selbstvergebung, wenn die Terrormutter trotz unserer Bemühungen in uns aufsteigt.

Diese Bedrohung blieb aber nach meinem temporären Rückzug stets sicher in der Abstellkammer mit all dem dort gelagerten Kram zurück. Die achtsame Mami war zurück und wieder bereit, mit der Familie zusammen zu sein, *wirklich zusammen* zu sein. Meine Einstellung hatte sich wieder entspannt, ich hatte die größere Perspektive wiedererlangt, und das alles durch eine schnelle IWAD-Pause.

Elternschaft ist ein Spiegel, in dem wir gleichzeitig das Beste und das Schlechteste von uns sehen, die schönsten Momente des Lebens genau wie die erschütterndsten.
—*Myla und Jon Kabat-Zinn*

Die IWAD-Achtsamkeitsübung: Stop. Drück die Pause-Taste. Wenn möglich, tritt für einen Moment zurück. Achte auf deine Körperempfindungen. Sind deine Schultern angehoben? Ist deine Stirn gefurcht? Der Kiefer verkrampft? Dein Atem ist flach? Akzeptiere, dass es so ist, wie es in diesem Moment eben ist. Biete dir selbst etwas Mitgefühl an. Achte für einen Moment auf deinen Atem: Beobachte einfach, wie er kommt und geht, ohne ihn ändern zu wollen. Wenn dein Geist zu den ganzen stressigen Gedanken wandert, lenke deine Aufmerksamkeit sanft zurück zum Atem. Bei Bedarf wiederholen.

KAPITEL II

Den Tag beginnen

Es ist früher Montagmorgen und meine Augen noch schwer, als ich die warmen Strahlen der Sonne durch meine Schlafzimmerfenster spüre. Durch einen Schleier der Schläfrigkeit wundere ich mich, warum es so viel heller wirkt als sonst an einem typischen Wochentag – Alarmbereitschaft. Ich schaue auf mein altes Uhrenradio, mein Gehirn registriert langsam mit Bestürzung, dass ich eine volle Stunde verschlafen habe. Während ich eine Reihe unangemessener Worte vor mich her grummele, werfe ich die Decke ab und springe aus dem Bett.

Adrenalinschub, Herzrasen, ich renne, um meine Tochter zu wecken, den Hund rauszulassen und taumele zur Kaffeemaschine. In dem Gewusel verschütte ich die Milch, fluche wieder und erinnere mich daran, ein paar tiefe Atemzüge zu nehmen. Ich dusche, ohne mich erinnern zu können, Shampoo benutzt zu haben, mein Geist konzentriert sich verzweifelt auf das, was ich tun muss, wenn ich es pünktlich zur Arbeit schaffen soll.

Während ich meinem Kleinen die Kleidung anziehe (wie ein Wrestlingkampf mit einem unwilligen Alligator), biete ich ihm als Bestechung fürs Stillhalten hastig einen einzigen blauen M&M an. Er genießt die Süßigkeit wie einen Lutscher, blaue Spucke läuft aus seinem Mund auf Hände und Hemd. Ich denke mir, dass der für die Gestaltung solch eines Farbtons verantwortliche Mensch sicher keine kleinen Kinder hat, und verfluche ihn auch dafür.

Als ich meinem Sohn also noch mal seine blau gefärbten Klamotten ausziehe, schaffe ich es nebenbei, meine Tochter zur Bushaltestelle zu dirigieren. Mein Sohn, der Hund und ich sind pünktlich aus der Tür, in Rekordzeit, und ich nehme endlich ein paar volle Atemzüge, als ich auf die Schnellstraße einbiege.

Whoa, das war anstrengend, denke ich. Ich lasse meine Schultern fallen, atme tief ein, was mein Sohn dann auf seinem Rücksitz dramatisch imitiert. Ich kichere, fange an, mich zu entspannen, und als ich langsam zu Sinnen komme, erkenne ich, wie unnötig hektisch die letzte Stunde war.

Und in dem Moment, in dem ich mich endlich niederlasse, bemerke ich den krassen Kontrast zwischen heute Morgen und einem durch vorangegangene Meditation friedlicheren Tag. Die Gegenüberstellung der beiden ist eine treffende Analogie dessen, wie ich vorher gelebt habe im Vergleich zu dem, wie es ist, achtsam zu leben: hektisch versus ruhig, Autopilot versus den Moment genießen, am endlosen Hamsterrad entlangschrammen versus einem angemessenen, stressfreien Tempo.

Dr. Richard J. Davidson und Sharon Begley berichten in ihrem Buch *Warum wir fühlen, wie wir fühlen*:

Achtsamkeit trainiert das Gehirn darauf, anders auf Erfahrungen und Gedanken zu reagieren. Während der Gedanke daran, wie viel und was du morgen alles schaffen musst [...], früher panische Gefühle der Überforderung auslöste, schickt Achtsamkeit die Gedanken durch einen neuen Kanal: Man denkt immer noch an all das, was zu tun ist, aber wenn das Gefühl der Überforderung eintritt, betrachtet man diesen Gedanken mit Sachlichkeit [...]. Du trittst von ihm zurück, lässt ihn los und erkennst, dass es nicht hilft, wenn du ihm erlaubst, dein Gehirn zu kapern. Achtsamkeit schult diese Geistesgewohnheiten, indem man die Plastizität der Gehirnverbindungen nutzt. Man schafft neue, stärkt einige alte und schwächt andere von ihnen.

Achtsamkeit ist keine Magie. Sie entfernt nicht den blauen Fleck von der Kleidung oder zaubert die verschüttete Milch weg. Aber wenn man sie regelmäßig übt, verschiebt sie unsere Perspektive von „dringend und hektisch" hin zu „unangenehm, aber nicht lebensverändernd". Und ganz egal, wie viel Achtsamkeit ich praktiziere, von diesen grell gefärbten M&M's bin ich immer noch kein Fan.

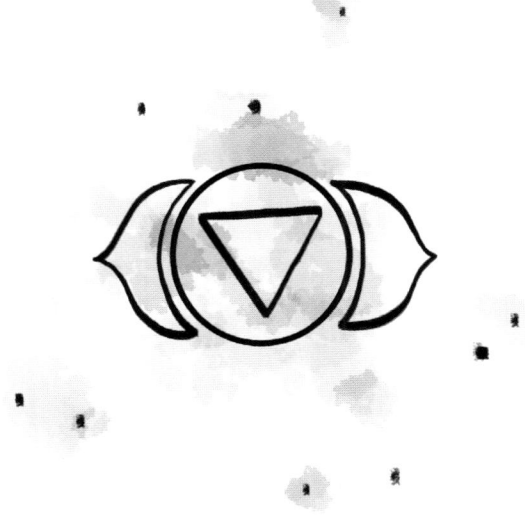

Erwachen in Dankbarkeit

Nachdem ich Mutter geworden war, stellte sich das morgendliche Aufwachen meist in etwa so dar: Erster Gedanke: *Was ist das für ein hässliches Geräusch?* Zweiter Gedanke: *Verdammt. Der Wecker. Jetzt schon?* Dritter Gedanke: *Ich bin so müde. Ich hasse es, müde zu sein.*

Inzwischen können diese Gedanken natürlich je nach den Umständen immer noch entstehen. Schließlich haben wir als Mütter wirklich selten die Kontrolle über unseren Schlaf ...

Der Gedanke manifestiert sich als Wort,
das Wort manifestiert sich als Tat,
die Tat wird zur Gewohnheit
und Gewohnheit gerinnt zu Charakter.
Achte daher sorgsam auf den Weg des Gedanken
und lass ihn der Liebe entspringen,
geboren aus Mitgefühl für alle Menschen.
Wie der Schatten dem Körper folgt:
Wie wir denken, so werden wir.

—*Buddha, zitiert nach Surja Das*

Wir haben auch keine Kontrolle darüber, welche Gedanken auftauchen, nur darüber, was wir mit ihnen machen. Durch Achtsamkeitspraxis habe ich inzwischen gelernt, diese Gedanken zu bemerken, meinen Fokus zu verändern, mit Dankbarkeit aufzuwachen und die positive Stimmung zu schätzen, in die mich das für den beginnenden Tag versetzt.

Die Achtsamkeitsübung „Erwachen in Dankbarkeit": Sobald dich dein Bewusstsein merken lässt, dass du (halbwegs) wach bist, lege eine Pause ein und atme tief durch. (Zunächst kann es sein, dass dies nicht gelingt, bevor du aus dem Bett gestolpert bist, um dich um ein Kind zu kümmern, oder deine erste Tasse Kaffee gemacht hast. Das ist in Ordnung; halte inne, wo immer du bist. Mit etwas Übung wirst du es früher schaffen, wenn du noch im Bett bist.) Führe dir die Dinge vor Augen, für die du dankbar bist. Vielleicht deine Gesundheit, deine Kinder, dein Partner, Freunde, Kaffee, Vogelgesang, Sonnenschein, Regen. Versuch, es einfach und positiv zu halten. Achte den ganzen Tag über darauf, wie sich deine Wahrnehmung dieser sonst als selbstverständlich erachteten Dinge verändert, wenn du sie achtsam mit einer größeren Wertschätzung betrachtest.

Kaffee

Vor der Geburt meines kleinen Sohnes vor vier Jahren war ich ein halbwegs ausgeruhter Mensch, der jeden Morgen dreißig Minuten lang meditierte. Nachdem mich noch bei Dunkelheit der Wecker aufscheuchte, würde ich ins Bad schlurfen, mir mit schockierend kaltem (aber seltsam angenehmem) Wasser das Gesicht waschen, und war bald ziemlich wach und einsatzbereit. An dem einen oder anderen besonders schläfrigen Morgen erwachte zwar das Verlangen nach einem Kaffee noch vor der Meditation, aber ich gab dem nie nach. Die Regelbefolgerin in mir hätte mich sicherlich lautstark gescholten: *Was würden die großen Meditationslehrer davon halten? Tss, tss, tss.* Also setzte ich mich unabhängig vom Grad meiner Schläfrigkeit hin, meditierte dreißig entkoffeinierte Minuten lang und sprintete nach deren Ablauf sogleich schnurstracks zur Kaffeemaschine.

Zeit für ein Geständnis: Meine Morgenmeditation hat sich seitdem etwas verändert. Mein älteres, wenn auch nicht unbedingt weiseres Ich hat begonnen, diese Regel gelegentlich zu brechen, und zwar nicht ohne einen Hauch Rebellion (wirklich nur ein *Hauch*, eigentlich eher ein Fortschritt für jemanden, der normalerweise so gefügig ist). Ursprünglich brach ich die Regel aus Notwendigkeit, jetzt tue ich es einfach, weil ich die Gewohnheit genieße. Ja, ich meditiere oft, *während* ich meine Tasse Kaffee trinke. Ich liebe das Zeug. Es hat mir wohl bei zahlreichen Gelegenheiten das Leben gerettet. Meiner Meinung nach verdient Kaffee sogar eine Meditation, die nur seinen wunderbaren Eigenschaften gewidmet ist.

> Trink deinen Tee langsam und ehrfürchtig, als ob dies die Achse ist, um die die Welt sich dreht: langsam, gleichmäßig und ohne in die Zukunft zu hetzen. Lebe diesen Moment. Das Leben ist nur dieser Augenblick.
> —*Thich Nhat Hanh*

Egal, ob du wie ich Java-Kaffee liebst oder lieber Tee trinkst, kannst du die Kaffee-Achtsamkeitsübung mit einem koffeinhaltigen oder entkoffeinierten Getränk deiner Wahl üben. (Obwohl ich Wein am frühen Morgen nicht empfehle. Die entsprechende Achtsamkeitsübung kommt erst später (Seite 185). Also gedulde dich, meine Liebe.)

Die Kaffee-Achtsamkeitsübung: Ein Warnhinweis: Bevor du dich in einem Schleier der Müdigkeit niederlässt, merk dir genau, wo du deine Tasse hingestellt hast, damit du sie nicht verschüttest, wenn die Übung zu Ende ist. Vertrau mir, ich hab da Erfahrung.

Sitze aufrecht in einer bequemen Position, entweder im Stuhl oder auf einem Kissen auf dem Boden. Halte deine Tasse in beiden Händen und spüre die Wärme, die in deine Hände ausstrahlt, spüre die glatte oder grobe Oberfläche der Tasse. Heb den Becher langsam an deine Nase und atme den Duft ein, als ob du ihn zum ersten Mal einatmen würdest. Ohne zu urteilen, beobachte die entstehenden Gedanken. Beobachte, wie deine Armmuskeln wissen, was sie tun sollen, während sie die Tasse an deinen Mund heben.

Trotz des Drangs, das Koffein so schnell wie nur menschenmöglich einzunehmen (klingt ein wenig verzweifelt, aber ich kenne das), versuch einmal für einen Moment innezuhalten und zu beobachten, was passiert. Läuft dir in süßer Erwartung das Wasser im Mund zusammen? Schreien deine Gedanken danach, *endlich einen ordentlichen Schluck zu nehmen?* Bemerke es einfach. Dann führe die Tasse mit voller Absicht an deine Lippen. Nun nimm den ersten herrlichen Schluck, behalte die schmackhafte Flüssigkeit im Mund und schmecke so ausgiebig, wie du kannst. Während du schluckst, erlebe bewusst die Wärme, die sich ihren Weg in den Hals und in den Magen bahnt. Halte inne. Nimm einen Atemzug vor dem nächsten Schluck. Beachte dabei, was in deinem Körper vor sich geht. Hat sich die Herzfrequenz erhöht? Ist dein Geist aufmerksamer geworden? Sind die Empfindungen ange-

nehm oder unangenehm? Auf unsere Körperempfindungen zu achten, bietet uns subtile Informationen, die wir sonst vielleicht übersehen hätten. Vielleicht findest du Gefallen an der mentalen Schärfe, die auftritt. Vielleicht erkennst du, dass das Koffein leichte Angstgefühle verursacht und entscheidest dich, lieber ohne auszukommen. Diese Empfindungen und Reaktionen können sich auch im Laufe der Zeit verändern. Beobachte weiter. Bleib neugierig. Genieß es.

Duschen

Ich glaube, ich habe mir heute Morgen unter der Dusche zweimal die Haare gewaschen. Ich sage, ich glaube, weil ich mir immer noch nicht sicher bin. Ich bin mir nicht sicher, denn mein Geist war nicht mit mir unter der Dusche, sondern bei der Arbeit mit Patienten, mit meiner Tochter in der Schule und mit dem zukünftigen Inhalt des Kühlschranks im Supermarkt. Ein Abgleiten in den Autopiloten kann an den seltsamsten Orten passieren. Es passiert uns allen – es ist Teil des Menschseins. Selbst wenn wir verhältnismäßig bei uns sind, geht unser Geist auf Wanderschaft, ganz besonders bei routinemäßigen Aktivitäten wie dem Duschen.

Für die meisten von uns ist die Badewanne nichts Neues mehr und hat im Laufe der Jahre ihre Faszination eingebüßt. Aber als Mutter eines Neugeborenen (oder aber wir denken an unsere eigene Kindheit zurück) kann es zuweilen sogar schwer sein, Zeit zum Duschen zu finden. Indem es nicht mehr selbstverständlich ist, fällt es dir vielleicht leichter, jedes Detail vom heißen, beruhigenden Wasser bis hin zum frischen Geruch von Shampoo und Seife zu schätzen. Und wenn du glücklicherweise sogar Zeit (oder an diesem Punkt vielleicht eher: ausreichend Energie und Sorgfalt) für die Beinrasur hast, nun, du könntest vielleicht denken, dass du gestorben und direkt in den Himmel gekommen bist.

> Die meisten Leute merken nicht, dass der Geist ständig quatscht. Dabei ist dieses Geplapper den Großteil des Tages über die treibende Kraft hinter vielem, was wir tun, worauf wir reagieren und wie wir uns fühlen.
> —Jon Kabat-Zinn

Sobald unsere Kleinen einen klaren Rhythmus entwickeln, wird die Dusche wieder alltäglich. Es ist keine große Besonderheit mehr und oft eine Zeit, in der wir mental durch unsere To-do-Listen scrollen und gedanklich abschweifen. Nutze diese Übung, um wieder ein wenig mehr von dieser früheren Wertschätzung einkehren zu lassen.

Die Dusch-Achtsamkeitsübung: Bring dein volles Bewusstsein in jeden Schritt des Duschens, so gut es geht. Nimm ein paar lange, tiefe Atemzüge, während du den Wasserhahn aufdrehst und darauf wartest, dass das Wasser die richtige Temperatur erreicht hat. Du könntest Dankbarkeit aufbringen für das bloße Erscheinen von Wasser durch eine Berührung des Wasserhahns – ein unerreichbarer Luxus für viele auf der Welt. Beobachte so genau wie möglich die vom überall herunterlaufenden Wasser ausgelösten Körperempfindungen. Beginne mit der Kopfhaut, scanne langsam den Körper hinunter und halte in jedem Bereich einige Sekunden inne, um die Empfindungen zu spüren. Wenn dein Geist unruhig ist, bemerke, wo er sich befindet und lenke deine Aufmerksamkeit zurück auf den Körper. Atme den Duft von Seife und Shampoo ein. Wenn die Dusche etwas ist, das du normalerweise schnell hinter dich bringst, dann verlangsame das Tempo nur ein bisschen. Ich verspreche dir, dass du diese verlorenen dreißig Sekunden nicht vermissen wirst.

Unabhängig von deiner aktuellen Beziehung zu deinem Körper, lade ich dich ein, ihm beim Abtrocknen Wertschätzung entgegenzubringen – Wertschätzung für seine Stärke, seine Schönheit und seine erstaunliche Fähigkeit, so zu funktionieren, wie er es tut. Das ist der Körper, der deine Babys nährt und pflegt, seien sie neugeboren oder ausgewachsen. Wir neigen dazu, uns denen nahe zu fühlen, die unseren Kindern mit Wärme begegnen und sich um sie kümmern. Meine Vermutung ist, dass du diejenige bist, die sich am meisten kümmert, und deshalb verdienst du deine eigene mitfühlende Bewunderung.

Frühstück

Ich habe seit Langem die Angewohnheit, beim Frühstück zu lesen. Ich erinnere mich, wie ich als Kind die Lokalzeitung studierte, während ich pappsüße Cerealien mampfte (verurteilt mich nicht, Leute; das waren die frühen Achtzigerjahre). Ich genieße auch heute noch die Wochenendzeitung oder Online-Blogs zusammen mit meinem Morgenbrötchen mit Marmelade und einem Obstsalat. An manchen Tagen blicke ich, völlig in einen Artikel vertieft, irgendwann auf meinen leeren Teller und erinnere mich kaum daran, gegessen zu haben. Deswegen lege ich alle paar Tage Zeitung und Laptop beiseite und genieße ein achtsames Frühstück.

Die Frühstücks-Achtsamkeitsübung: Versuche, einmal die Woche ein achtsames Frühstück zu dir zu nehmen. Schalte deinen Computer aus, leg dein Handy weg und schalte den Fernseher aus. Wenn du mit deiner Familie isst, lade sie ein, das Gleiche zu tun. Bring deinen vollen Fokus auf das Essen und deine Sinne. Nimm dir einen Moment Zeit, um über das Essen selbst nachzudenken. Was war alles nötig, bevor das Frühstück auf dem Teller landete? Wo wurde es produziert? Musste es gekauft, transportiert und vorbereitet werden? Schau dir das Essen an, als hättest du es noch nie zuvor gesehen. Was fällt dir an seiner Farbe, Textur, Form und Größe auf? Benutze deinen Geruchssinn, um Nuancen von Süße, Würzung oder Erdigkeit zu erkennen. Bring die Nahrung an deine Lippen und beachte den dadurch möglicherweise erhöhten Speichelfluss. Nimm den ersten Bissen in den Mund und beobachte, zunächst ohne zu kauen, die Geschmacksrichtungen. Iss die ersten paar Bissen langsam, um dieses Fest für deine Sinne fortzusetzen. Wenn dein Geist wandert, bring ihn sanft zum

Essen und zu deiner achtsamen Frühstückspause zurück. Wenn du dir die Zeit nimmst, wirst du womöglich feststellen, dass du weniger Essen benötigst, um dich satt zu fühlen. Achtsames Essen erinnert uns daran, unseren Körper zu ehren und ein Gefühl für unseren eigentlichen Hunger zu bekommen; es führt oft zu gesünderen, angenehmeren Essgewohnheiten.

Zähneputzen

Vor einigen Jahren habe ich in unserem örtlichen Krankenhaus achtwöchige Kurse zur Achtsamkeits-basierten Stressreduktion unterrichtet. Ein Teil der Hausaufgaben für die Teilnehmer bestand darin, eine sogenannte Achtsamkeitsglocke zu identifizieren, also eine tägliche Routine, die sie symbolisch klingelnd daran erinnert, stets ihre volle Aufmerksamkeit darauf zu richten. Oft nannte ich das Zähneputzen als Beispiel, da es für mich eine ständige Herausforderung war, während dieser dreiminütigen Aktivität präsent zu bleiben. Bis heute finde ich es amüsant, wie herausfordernd es für mich ist, beim Zähneputzen still zu bleiben. Da scheint eine angeborene Kraft zu sein, die mich dazu zwingt, verzweifelt herumzulaufen und nach Multitasking-Möglichkeiten Ausschau zu halten. Vielleicht liegt es an der Langeweile, an einem lang gehegten Glauben, dass ich wertvolle Zeit verschwende, oder es ist reine Gewohnheit – letztlich kenne ich die Ursache nicht. Aber ich habe gelernt, den Zwang zur Bewegung zu bemerken und mich sanft an Ort und Stelle zu halten, auch wenn es selbst nach vielen Jahren immer noch schwer ist.

Jedenfalls sollte es mich nicht überraschen, dass mein Kleiner das gleiche zahnbürstende Fernweh von seiner Mutter geerbt hat. Wenn er so unruhig ist, macht es mich verrückt – Doppelmoral, ich weiß. Ich platziere die Zahnbürste in seiner kleinen Hand und er geht sofort raus aus dem Badezimmer, um den Inhalt eines Schranks zu erkunden oder alle möglichen anderen Ablenkungen auf seinem gewundenen Weg zu finden.

Die Forschung zeigt, dass zu viel Multitasking die gleiche Wirkung auf unseren IQ hat wie ein Schlag auf den Kopf. Es lässt uns dumme Sachen anstellen. Aber das Leben mit kleinen Kindern erfordert eben oft ein absurdes Stuntman-Niveau an Multitasking – etwas, das wir Mütter einen Großteil unserer Zeit leisten müssen.

—Katrina Alcorn

Wenn die Zeit drängt, jage ich hinterher und murmele heuchlerisch: „Bitte komm her. Komm zurück zu mir. Kannst du nicht einfach hierbleiben?" An einem achtsameren Tag jedoch atme ich einmal tief durch, lenke ihn zurück zum Badezimmer und lächele – Zähneputzen mag auch seine lebenslange Achtsamkeitsglocke sein. Scheint so, als würde der unruhige Apfel nicht weit vom Stamm fallen.

Die Zahnputz-Achtsamkeitsübung: Erlaube dem Zähneputzen, eine Achtsamkeitsglocke zu werden, während du die drei Minuten investierst, um dein Lächeln zu polieren. Beobachte, wo deine Gedanken sind, während du mit einer Gewohnheit beginnst, die so tief verwurzelt ist, dass man geneigt ist, sie aufzubessern. Stelle eventuell einen Timer auf drei Minuten ein und zähle mit Belustigung, wie oft dein Geist von der Aufgabe abrutscht und zurückgeleitet werden muss. Es ist erstaunlich, wie oft unser Geist unruhigen Kleinkindern ähnelt, die von einer Aktivität zur nächsten springen. Lenke deine Aufmerksamkeit sanft, aber bestimmt zurück, genau wie du es mit deinen Kindern machen würdest. Fordere dich selbst dazu heraus, vollständig präsent zu sein, indem du dich ganz auf den Minzgeruch und das prickelnde Gefühl in deinem Mund konzentrierst. Achte darauf, wie viel Druck du ausübst, und schau, ob du deinen Griff etwas lockern kannst. Sobald der Wecker klingelt, kannst du dir im Spiegel ein Lächeln schenken und das Ergebnis deiner Arbeit zur Schau stellen. Nimm dir vielleicht vor, dein Lächeln heute im Laufe des Tages zu teilen – mit egal wem du begegnest.

Die To-do-Liste

Zeit vergeht so unterschiedlich. Manchmal langsam, manchmal schnell, manchmal kann man sie gar nicht fassen – immer abhängig von den Umständen des Moments. Wenn ich zum Schreiben an meinem Computer sitze, rast die Zeit nur so vorbei. Ich schaue vom Bildschirm auf und zwei Stunden sind vergangen, obwohl es sich wie wenige Minuten angefühlt hat. Leider scheint das Spielen mit Lego-Steinen mit meinem Sohn für mich einen umgekehrten Effekt zu haben, sodass es mir vorkommt, als würde die Zeit dahinkriechen. Sorry, Kleiner.

Meine Zeitwahrnehmung hängt auch davon ab, was ich auf meiner To-do-Liste stehen habe. Ich liebe Listen, weil sie mir ermöglichen, die sonst endlos scheinenden Minuten, die wie teure und schwierig zu verwaltende Immobilien den Platz in meinem Kopf besetzen, auf ein greifbares Blatt Papier zu übertragen. Die To-do-Listen verringern auch die Wahrscheinlichkeit, dass beim Einschlafen wahllose Gedanken in meinen Kopf kommen, die mich wieder aufrecht im Bett sitzen lassen: *Verdammt, ich habe vergessen so-und-so anzurufen!* Je weniger das passiert, umso besser.

Aber es gibt so viel, an was zu denken ist. Es gibt eine Master-Liste, auf der alles steht, was ich nicht vergessen will, und dann die tägliche Liste mit den Dingen, die an dem Tag zu erledigen sind. Warum so viel Wert auf Listen legen? Weil sich unter den zahlreichen Rollen, die wir Mütter haben, meistens auch die der Haushaltsmanagerin befindet. Anstatt innerhalb der Familie nur die Hosen anzuhaben (auch wenn das vielleicht ebenfalls zutrifft), sind Manager für all die Details zuständig, die so viel Platz im Kopf beanspruchen: Geburtstage, Fahrgemeinschaften, Zahnarzttermine, Schulformulare, Vitamine, Verabredungen zum Spielen, Zeitpläne für Sport oder Babysitting ... Die Auflistung könnte ewig so weitergehen. Das alles ist keine Kleinigkeit, es braucht enorm viel Zeit und Energie.

> Beim Streben nach Wissen wird täglich etwas hinzugefügt. Beim Streben nach Weisheit wird täglich etwas fallen gelassen.
>
> —Lao-Tse

Früh morgens, nach dem Meditieren und meiner geliebten Tasse Kaffee, findet man mich meistens beim Erstellen der Liste für den Tag. Während des Schreibens habe ich gleichzeitig eine leise Ahnung davon, dass ich nach dem Koffein-Kick, wenn die Realität einsetzt, eventuell meine ambitionierten Pläne auf der Liste etwas anpassen muss. An den Tagen, an denen ich nicht kurz Pause mache und meine Liste an die tatsächlichen Gegebenheiten anpasse, fühle ich mich besonders gestresst und die Zeit ist immer knapp. Unbewusst kreiere ich das Gefühl, dass ich nicht genug Zeit habe, um alles an einem Tag zu schaffen (was ja auch tatsächlich so ist). Ich laufe umher und erledige alle Aufgaben leicht hektisch, ohne mir dessen wirklich bewusst zu sein, im Kopf schon bei der nächsten Aufgabe. Wenn ich nicht innehalte, um ein paar tiefe Atemzüge zu machen, laufe ich Gefahr, alles, was ich willkürlich auf die Liste geschrieben habe, als ein Gesetz zu sehen. Als etwas, das heute unbedingt erledigt werden muss, sonst ... Sonst was?

Seit ich Kinder habe, versuche ich oft noch eine Sache dazwischen zu schieben, bevor ich woanders sein muss. Manchmal habe ich dann mehr erledigt, aber was ist der Preis dafür? Klar, es gibt natürlich diesen angenehmen Adrenalinstoß, wenn man Dinge von der Liste streichen kann, aber ich habe Wege gefunden, dieses hektische Tempo zu optimieren, sodass ich produktiver bin und es sich gleichzeitig so anfühlt, als ginge die Zeit langsamer vorbei. Unsere Wahrnehmung von Zeit kann enorm von der Geschwindigkeit beeinflusst sein, mit der wir uns bewegen, sowohl körperlich als auch geistig, und von dem Gefühl der Dringlichkeit, das damit verbunden ist.

Natürlich gibt es einige Dinge, um die man sich heute kümmern muss. Die meisten werden allerdings immer noch da sein, wenn wir uns ihnen später widmen, denn in Wirklichkeit ist die Liste endlos. Auch wenn es im Gegensatz zu meiner Intuition zu stehen scheint, finde ich es sehr hilfreich, nicht noch diese eine Sache dazwischen zu schieben. Wenn ich meine tägliche Liste kürze, fällt mir mit Erstaunen auf, dass der Zeitdruck wegfällt und ich stattdessen das Gefühl von viel Zeit habe. Weil es viel Zeit gibt. Und diese Aufgaben auf der Liste? Sie werden alle irgendwann abgehakt und unausweichlich schon bald durch neue Aufgaben ersetzt.

Die Achtsamkeitsübung „To-do-Liste": Halte zunächst inne und nimm ein paar tiefe, bewusste Atemzüge. Beobachte die Reaktionen deines Körpers, während du deine To-do-Liste liest. Fühlst du so etwas wie Schmetterlinge im Bauch? Anspannung in den Schultern? Fühlst du dich überfordert? Vielleicht hast du eine dem Tag angemessene Liste erstellt und dein Körper ist entspannt, dein Geist ruhig und du hast ein Gefühl der Vorfreude auf den Tag. Dieses Innehalten und Wahrnehmen ermöglicht es uns, Prioritäten zu setzen und Dinge loszulassen, die nicht wirklich notwendig sind. Pass auf, dass du die Punkte auf deiner Liste nicht zu Fakten machst. Frage dich bei jedem Punkt, ob er wichtig für diesen Tag ist.

Achtsam zu leben, ist schwer, wenn wir von einer Sache zur nächsten rennen. Wenn möglich, schiebe ein paar Punkte in die Kategorie „Wenn noch Zeit ist" oder streiche sie komplett von der Liste, um dir mehr Raum zu geben, alles in gleichbleibendem und achtsamem Tempo zu erledigen. Mach das für eine Woche jeden Tag und beobachte, wie viel du erledigt hast, und mit welchem Achtsamkeitslevel. Passe jeden Tag so an, wie es dir notwendig erscheint.

Die Bushaltestelle

Ich erinnere mich noch genau an den Morgen, an dem meine Tochter zum ersten Mal in die Vorschule ging. Die erwartete Unsicherheit, wie ich reagieren würde, wenn sie in den Bus stieg und zum Abschied aus dem Fenster winken würde. Wäre ich eine der wehmütigen Mütter, die sich die Tränen wegwischen, oder eine der übermütigen Mütter, die Luftsprünge vor Freude machen? Soweit ich mich erinnere, war es eine Mischung aus beidem. Mir war sowohl nach Seufzen, in nostalgischer Anerkennung dieses neuen Kapitels in meinem Leben, und gleichzeitig war ich dankbar für die gewonnene Zeit für mich selbst. Ich erinnere mich, dass ich, nachdem der Schulbus mit meiner wertvollen Fracht davongefahren war, zerstreut ein paar Arbeiten im Haushalt erledigte und ihre Rückkehr erwartete. Ich war neugierig, wie ihr erster Tag gewesen war, und ich stellte mir die Aufregung, die Nervosität und das Erstaunen vor, das sie durchlebt haben müsse.

Ein paar lange Stunden später war ich sehr erleichtert, als ich mein kleines Mädchen aus dem Bus springen sah, mit einem Lächeln und aufgeregt erzählend, wie sie neben einer neuen Freundin auf der Hinfahrt und auch auf der Rückfahrt im Bus gesessen hatte. „Sie sieht genau wie ich aus, Mama! Sie hat hellbraune Haare, blaue Augen und Pausbacken!" Die Worte aus ihrem Mund rührten mich zu Tränen (das war also die verspätete Reaktion, die ich erwartet hatte).

Wir gewöhnten uns an die Schulroutine, die Jahreszeiten wechselten und damit auch das Klima an der Bushaltestelle, sowohl das wirkliche als auch das emotionale. Es gab tränenreiche Zeiten, als meine Tochter die Zielscheibe von Mobbing wurde, enthusiastische Zeiten bei einem Klassenausflug, aufgeregte Zeiten vor einer großen Präsentation und ruhige Zeiten, wenn alles ohne Mühen seinen gewohnten Gang lief.

Aber die Rituale an der Bushaltestelle haben sich seit der Zeit in der Vorschule ganz schön verändert. Während der goldigen ersten Jahre in der Grundschule gab es Umarmungen, Küsse und Ich-liebe-dich's, als der Bus vor uns anhielt. Überschwänglliches Winken und Luftküsse bestimmten das Bild des langsam davonfahrenden

Busses. Die späteren Grundschuljahre erlaubten nur eine einseitige *Das-ist-ziemlich-peinlich-aber-ich-gebe-nach*-Umarmung und ein herzliches, aber nicht so begeistertes Abschiedswinken, das cool aussehen sollte, genau wie die Vorpubertäre selbst.

Nach der Grundschulzeit gab es absolut kein Winken mehr, kein Anfassen und es war um Gottes Willen kein Ausdruck von Zuneigung tolerierbar. Das ist natürlich wie eine Einladung, meine Tochter zur reinen Beschämung mit Umarmungen und Zuneigungen zu überschütten, was sie nur widerwillig über sich ergehen ließ (ich mache das nur immer am ersten Schultag – ich habe immerhin noch *ein bisschen* Mitgefühl). Als Mutter eines Teenagers habe ich eine gewisse Freude an der harmlosen Peinlichkeit, die ich erzeugen kann. Ich bin so gar nicht cool, aber das ist ziemlich lustig. (Und obwohl wir nach ein paar Jahren in der Grundschule in einen neuen Schulbezirk gezogen sind, sind die beiden pausbäckigen Sitznachbarinnen jetzt schöne, aufgeweckte Teenager und immer noch gute Freunde.)

Die Bushaltestellen-Achtsamkeitsübung: Egal, welche Schulphase, egal, in welchem Alter die Kinder sind, sei da, egal, ob es für sie wichtig zu sein scheint oder nicht. Leg das Handy weg – vielleicht lässt du es gleich ganz zu Hause. Sei bereit für jede Last-minute-Unterhaltung, bedeutende Blicke oder den letzten flüchtigen Blick der Vergewisserung. Stell dir vor, du wärst die Stütze, von der aus sie in den Tag und in die große weite Welt gehen – eine Welt, die hart oder gütig sein kann, abhängig vom Tag. Wenn du eine entsprechende innere Haltung hast, dann sag einen stillen, liebevollen Wunsch oder ein Gebet für dein Kind, wenn es in den Bus steigt. Es hat bereits dein Herz, also schicke ruhig ein paar liebevolle Wünsche mit ihm mit.

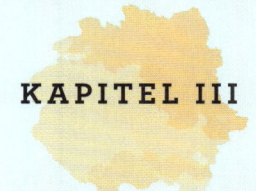

KAPITEL III

Im Tagesverlauf mit der Familie verbunden sein

Früher einmal bin ich jeden Morgen vor meiner Tochter, meinem Mann und der Sonne aufgewacht, um dreißig friedliche Minuten am Stück zu meditieren. Nur ganz selten wurde ich von der Außenwelt oder meiner schlummernden Familie unterbrochen. Wie es beim Meditieren immer der Fall ist, schweiften meine Gedanken unendliche Male in dieser halben Stunde ab, aber ich konnte fast dafür garantieren, dass mich niemand im Haus zu dieser Tageszeit unterbrach. Und so war ich in dieser mir sehr wichtigen Zeit ganz alleine mit mir und meinen umherwandernden Gedanken. Leise. Ruhig. Stetig.

Dann kam mein Sohn zur Welt. Das Stichwort hier ist das Geräusch des alten Plattenspielers, dessen Nadel über die Platte kratzt. Mach's gut, Meditation, wie ich sie einmal kannte. Hallo, neue Normalität.

Heute Morgen ist ein gutes Beispiel. Es ist kurz nach fünf Uhr und ich sitze in der Stille des Wohnzimmers; die einzigen, die mir Gesellschaft leisten, sind die Grillen draußen und der Hund neben mir. Während ich gerade dabei bin, mich auf meinen Atem zu fokussieren – ein, aus, ein, aus –, wird die Stille von einer kleinen, aber kräftigen Stimme durchbrochen, die von oben aus dem Schlafzimmer ruft: „Hallo …? Hallo …? Ich hab Durst … ich hab Durst!" Seufzend hieve ich mich von meinem Meditationskissen hoch.

Mein Kleiner will seinen Tag genau jetzt beginnen, aber es ist einfach zu früh. Um mir etwas Zeit zu schaffen, gehe ich schnell die Treppe hoch, setze mich an sein Bett und lege ihn sanft auf meinen Schoß, um ihn dann mit der milchgefüllten Nuckelflasche zu füttern. Er lehnt sich entspannt gegen meine Brust und trinkt zufrieden.

Wenn ich mit dem Meditieren erst angefangen hätte, dann wäre ich wohl sehr frustriert von dieser Ablenkung und würde denken, dass mir mein Sohn *meine wertvolle halbe Stunde genommen* hat. Auf dieselbe Art ist es bei Anfängern normal zu denken, es gäbe eine perfekte Meditation. Das ist aber nicht der Fall. Jede Meditation ist genau so, wie sie eben ist an diesem Tag – friedlich oder voller Angstzustände, manchmal ist man müde und manchmal ruhelos, oder alles gleichzeitig.

Es hat etwas gedauert, aber ich habe gelernt, diese nicht perfekten Momente zu akzeptieren und mich sogar in ihnen zu entspannen. Ich mag es natürlich lieber, wenn ich nicht unterbrochen werde, aber jetzt ist die Zeit mit meinem Sohn einfach meine Übung. Meditation trainiert unseren Geist liebevoll, immer wieder zum Moment zurückzukehren und zu akzeptieren, was immer gerade aufkommt. Unsere Kinder können unsere besten Lehrer sein, wenn wir es ihnen erlauben.

Zusammengekuschelt mit meinem Sohn im Bett, hole ich mich von meinen Gedanken weg und hin zu dem, was gerade direkt vor mir ist, im wörtlichen Sinne. Ich nehme das Gewicht von seinem Körper auf meinem Schoß wahr. Ich lege meine Hand auf seine vogelähnlichen Rippen und fühle das starke Klopfen des Herzens, das meins gestohlen hat. Ich nehme seine Wärme wahr und die immer noch weiche Haut eines Babys, während ich sein Gesicht streichele. Ich halte seine kleine Hand in meiner und bin entzückt von diesen kleinen, lieblichen Fingern. Er greift sanft meine Hand, mein Herz geht auf. Ich nehme meinen Atem wahr – ein, aus, ein, aus.

Ich stelle mir eine rosige und friedliche Zukunft vor, in der es keine Unterbrechungen mehr geben wird. Aber für den Moment ist es still. Ich bin hier. Und immerhin ist keine Meditation perfekt. Manchmal ist es sogar das absolute Gegenteil. Und dann wieder, meine Lieben, ist es einfach nur himmlisch.

Fang klein an, und fang jetzt an. Lass los von Erwartungen und vorgefertigten Meinungen. Heiße das Durcheinander dieses Lebens willkommen, in all seiner Unvollkommenheit. Manchmal kommen genau daher die größten Geschenke.

Egal, ob du dein erstes Kind erwartest (Herzlichen Glückwunsch; bereite dich auf die dankbarste Reise deines Lebens vor!) oder dein fünftes Enkelkind, du wirst hier einfache Wege finden, wie du mit mehr Ruhe, tieferer Verbindung und mehr Balance in dein Familienleben eintauchen kannst. Die folgenden Achtsamkeitsübungen werden dir helfen, die Freude an der Elternschaft zu entdecken und dich mit deiner Familie zu verbinden. Sie werden dir auch helfen, dich mit dir selbst zu verbinden – mit deinen Bedürfnissen und deinem Wohlbefinden, was beides sehr wichtig für glückliche Familien ist.

Christine Carter, Autorin des Buches *Raising Happiness,* berichtet aus der Forschung:

Achtsamkeit zu praktizieren, führt nicht nur zu weniger Stress und mehr Zufriedenheit bei der Erziehung, es bringt auch den Kindern enorme Vorteile [auch wenn es nur die Eltern sind, die praktizieren]. Eltern, die ein Jahr lang achtsame Erziehungs-Skills geübt hatten, waren um einiges zufriedener mit ihren elterlichen Fähigkeiten und ihren Interaktionen mit den Kindern, obwohl ihnen außer Achtsamkeit keine anderen Techniken beigebracht wurden. Über den Zeitraum der einjährigen Studie hat sich außerdem das Verhalten der Kinder achtsamer Eltern zum Positiven verändert: Sie kamen besser mit ihren Geschwistern aus, waren weniger aggressiv und ihre sozialen Fähigkeiten verbesserten sich. Und alles, was ihre Eltern getan hatten, war es, Achtsamkeit zu praktizieren.

Ich habe gesehen, wie Achtsamkeit das Leben von Müttern in allen Phasen der Kindererziehung verändert hat. Lass diese praktischen fünf Minuten auch dich verändern. Die Achtsamkeitsübungen in diesem Kapitel ermöglichen es dir, Achtsamkeit kreativ und nahtlos in dein Familienleben einzufügen – egal, ob du dein Neugeborenes fütterst, einen Snack nach der Schule mit deinem vorpubertären Kind teilst oder dich mit dem zunehmenden Wunsch deines Teenagers nach Freiheit konfrontiert siehst. Es gibt Achtsamkeitsübungen, die dir helfen, damit umzugehen und das Wertvolle daran zu bewahren.

Die Drei-Atemzugs-Umarmung

Ich habe diese Technik meiner Tochter beigebracht, als sie in der Vorschule war, weil ich es als einen eleganten Weg empfand, um ihre emotionalen Ausbrüche zu beruhigen. Wie es bei Eltern oft der Fall ist, dachte ich fälschlicherweise, ich sei die Weise, die ihr etwas für ihr Wohl anbieten kann, bis sie den Plan einfach umdrehte und mich so daran erinnerte, wie viel ich von ihr lernen kann. An einem besonders stressigen Abend ging ich ins Bad, um eine sehr notwendige Mama-Pause zu machen. Ich schloss meine Augen und nahm ein paar tiefe Atemzüge. Ich hörte ein Rascheln vor der Tür und öffnete meine Augen, um zu sehen, dass ein gefalteter Zettel unter der Tür durchgeschoben wurde.

Als ich den Zettel öffnete und die Nachricht las, spürte ich mein Herz vor Liebe warm werden. In der süßen Schrift einer Fünfjährigen stand dort: „Komm in mein Zimmer für eine Drei-Atemzugs-Umarmung."

> Wenn du ein Kind in deinen Armen hältst oder deine Mutter, deinen Mann oder einen Freund, und dann dreimal tief ein- und ausatmest, wird sich dein Glück mindestens verzehnfachen.
> —*Thich Nhat Hanh*

Die Achtsamkeitsübung „Drei-Atemzugs-Umarmung": Während du dein Kind umarmst, nimm drei einzelne, synchrone, tiefe Atemzüge hintereinander. Lass deine Schultern nach unten sinken und entspanne jeden Muskel, der sich verkrampft anfühlt. Lass los und spüre, wie die Anspannung weggeht. Bringe die Umarmung deinen Kindern und deinem Partner bei. Kleine Kinder lieben das und Teenager lieben es heimlich auch. Gib die Umarmung morgens zum Abschied, wenn du merkst, dass dein Kind eine beruhigende Umarmung gebrauchen kann, oder einfach nur, weil es schön ist. Du kannst nie wissen, wann deine Lieben dich überraschen werden und der armen, alten Mutter eine ganz nötige Drei-Atemzugs-Umarmung anbieten.

Stillen mit Flasche oder Brust

Brust oder Flasche – soweit ich weiß, ist die richtige Entscheidung die, die am besten für dich, dein Baby, deine Situation und dein geistiges Wohlergehen ist. Die Umstände von jedem unterscheiden sich mit jedem Kind, so auch meine. Ich war zufrieden, dass ich meine Tochter erfolgreich mit der Brust gestillt habe, aber aus vielen Gründen ging das bei meinem Sohn nicht so reibungslos. Was auch immer du dir aussuchst (wenn du in der glücklichen Situation bist, die Wahl zu haben), du nährst dein Baby und wirst in jedem Fall eine riesige Menge Zeit damit verbringen.

Für mich ist das Stillen ähnlich wie Meditation, und zwar im dem Sinne, dass wir über einen längeren Zeitraum sitzen und uns abwechselnd gelangweilt, glückselig, rastlos, schläfrig oder zufrieden fühlen. Abhängig von den Umständen – der Tageszeit, unserer Stimmung, ob wir erst mit dem Stillen angefangen haben, wie gut es funktioniert – können wir während dem Stillen verschiedene der genannten Phasen durchlaufen. Ich erinnere mich, dass ich den ganzen Tag über dachte, meine Tochter hänge öfter an meiner Brust als nicht (vielleicht weil das auch stimmte). Ich erinnere mich auch an ein paar Still-Sessions, bei denen ich ungeduldig auf das Ende wartete. Andere waren wiederum eine willkommene Ruhepause von der Außenwelt, eine Gelegenheit, mich wieder mit diesem kleinen Wunder zu verbinden und ihm voller Dankbarkeit meine volle Aufmerksamkeit schenken zu können.

Die Achtsamkeitsübung „Stillen mit Flasche oder Brust": Nimm deine Stimmung am Anfang des Stillens wahr. Fühlst du dich friedlich, rastlos, gelangweilt, dankbar, gereizt? Kannst du ohne Wertung jede Stimmung akzeptieren, die in dir aufkommt? Lenke deine Aufmerksamkeit zu den Empfindungen deines Körpers. Was nimmst du wahr? Vielleicht ist es die Wärme des Babys an deinem Körper, seine Lippen an deiner Brustwarze, sein kleiner Körper, der sich entspannt, wenn er die richtige Position gefunden hat, das kribbelige Gefühl des Milchflussreflexes, dein Atem, sein Atem. Beobachte das Wunder dieses kleinen Mundes, der so gierig auf die Flasche ist, die kleinen Schlucke und Atemzüge, wenn er Nahrung bekommt. Immer wenn deine Gedanken abschweifen, lass sie sanft wieder die ständig wechselnden Empfindungen deines Körpers wahrnehmen. Lass diese Zeit deine Achtsamkeitspraxis sein. Auch wenn es manchmal unvorstellbar erscheint in den Kämpfen, die man als frischgebackene Mutter auszufechten hat, wird das Stillen eines Tages zu Ende sein, und du wirst staunend darauf zurückblicken. Sei also so gut du kannst präsent – körperlich und geistig.

Mittagessen

Abhängig vom Tag und unseren jeweiligen Routinen kann das Mittagessen bei uns zu Hause extrem unterschiedliche Formen annehmen. Während der Schulwoche sind es nur mein kleiner Sohn und ich. Auch wenn ich versuche, sie zu reduzieren, gibt es diese Tage, an denen ich den Druck fühle, ihm schnell Essen in seinen Mund zu schaufeln, seinen Magen zu füllen, um ihn dann zum Mittagsschlaf zu schicken, damit ich für die Arbeit wichtige Telefonate und Schreibarbeiten erledigen kann. Das führt meistens dazu, dass er auf dem Stuhl steht und ich mich neben ihm auf die Ellbogen stütze, um abwechselnd die Küche sauber zu machen, ihn bei der Sache zu halten und von seinem Teller zu naschen. Kein gutes Beispiel für achtsames Essen.

An besseren Tagen kann man uns am Esstisch sitzend vorfinden, unser Mittagessen wie Menschen einnehmend anstatt wie gefräßige Tiere. In typischer Manier eines Vierjährigen führt das zu ein bis zwei Bissen, gefolgt von einer Runde durchs Haus, was so lange wiederholt wird, bis die Sättigung des Magens erreicht ist. Diese Variante bedeutet für Mama eine größere Wahrscheinlichkeit, achtsam zu essen, auch wenn die gemeinsame Mahlzeit unterbrochen ist.

Am liebsten esse ich allerdings draußen an dem Eisentisch, der auf der Veranda unter einem Pavillon steht, und von dem aus man den nahe gelegenen South Mountain sieht. Der Tisch steht in einer Ecke und ist vor Wind und Sonne geschützt, sodass wir drei Jahreszeiten über dort sitzen können und manchmal sogar an milden Wintertagen. An einem kühlen Herbsttag saßen wir letztens dort, in unseren dicken Winterjacken und Mützen, und haben die Handschuhe nur zum Genuss von Suppe und Sandwich ausgezogen.

Wir lieben beide die frische Luft und die sich mit den Jahreszeiten ändernde Landschaft. Unterhaltungen scheinen viel einfacher, wenn wir inmitten von Mutter Natur sind. An diesem besonderen Ort ist etwas, das meinen Kleinen dazu bewegt, langsamer zu essen, so als ob er von der Weite der Natur eingelullt wäre. Dort fühle ich mich auch am entspanntesten, weg von den E-Mails und Anrufen und somit meistens frei von Ablenkungen.

Die Mittagessen-Achtsamkeitsübung: Egal, ob du lieber in der Natur bist oder nicht, finde einen besonderen Ort in deinem Zuhause, der zu einem achtsamen Mittagessen einlädt. Vielleicht ist das ein Picknick auf einer weichen Decke im Wohnzimmer, ein gemütliches Sofa in einem Zimmer ohne elektronische Geräte, draußen unter einem Baum oder auf einer besonderen Bank. Schaffe selbst die Bedingungen für ein achtsames Mittagessen: frei von Ablenkungen, gemütlich und originell. Nimm wahr, was für dich daran besonders ist und benenne es. Ist es die Wärme der Sonne, das weiche Gefühl der Decke, das Geräusch der Stille? Halte kurz inne und sei dankbar für das Essen und die gemeinsame Zeit. Iss langsam und rede über Geschmack, Geruch und die Konsistenz des Essens. Das wird so wahrscheinlich nicht jeden Tag passieren, aber das ist in Ordnung. Lass alle Erwartungen los, werde langsamer und hab Spaß dabei. Lass es dein ganz besonderes Ritual für ein achtsames Mittagessen werden.

Einfach mal tanzen

M usik kann unsere Laune sehr stark beeinflussen. Manche Lieder bringen uns sofort in die Vergangenheit und wecken die damit verbundenen Erinnerungen und Gefühle. Als meine Tochter ein Kleinkind war, hatte ich so viele Spitznamen für sie, dass ich manchmal Angst hatte, sie würde nie ihren richtigen Namen lernen. Ein Spitzname von ihr, Lucy, war gleichzeitig der Name von einem sehr tanzbaren Lied von Ryan Adams, das damals bei unserem lokalen Indie-Radiosender rauf und runter lief. Ich erinnere mich daran, wie ich sie ganz fest in meinen Armen gehalten habe, wenn wir uns zum Rhythmus der schnellen Musik bewegten, und wir beide ein fröhliches Lächeln auf dem Gesicht hatten, während sich unsere Blicke voller gegenseitiger Liebe und Freude trafen. Ein gutes Jahrzehnt später werde ich jedes Mal von den bittersüßen Gefühlen von damals überschwemmt, wenn ich das Lied höre.

Bei meinem Sohn bin ich dem Beispiel gefolgt und habe unsere eigenen tanzbaren Lieblingslieder gefunden. „Roller Coaster" von Kira Willey war unser Wirkommen-in-unseren-Rhythmus-Song; bei Red Mollys Version von „May I Suggest" bekomme ich bis heute einen Kloß im Hals und Tränen in den Augen, wenn ich es höre. Es ist offensichtlich, dass mein Sohn das auch fühlt. Diese Momente der Musik sind sehr wertvolle Momente zwischen Mutter und Kind, die so tief miteinander verbunden sind. Es gibt fast nichts Besseres.

> Wie wir unsere Tage verbringen, so verbringen wir natürlich auch unser Leben.
> —Annie Dillard

Die Achtsamkeitsübung „Einfach mal tanzen": Fülle deinen Tag mit mehr Musik. Nimm wahr, was es in diesem Moment bedarf. Wie ist die momentane Stimmung? Soll sie eher verstärkt oder geändert werden? Mache Musik an, die zu dem Moment passt, und tanze. Vielleicht ist es ein stimmungsvolles Lied voller Energie, bei dem man sich viel bewegen muss und das einen Wutanfall oder einen Streit zwischen Geschwistern abschütteln kann. Vielleicht bedarf es auch eines langsamen Liedes, bei dem man mit geschwungenen, sanften Bewegungen tanzen kann, voller Zärtlichkeit und Liebe. Während du dich mit deinem geliebten Kind bewegst, nimm die Empfindungen deines Körpers wahr. Fühlst du, wie mehr Energie durch deinen Körper strömt? Entspannen sich deine Schultern? Lächelst du? Fühlst du Wärme in deiner Brust und in deinem Herzen? Was ist mit deinem Atem? Ist er langsamer geworden oder schneller, um mit dem Rhythmus der Musik mithalten zu können? Es gibt keine richtige oder falsche Art zu tanzen. Sei einfach so gut wie möglich da und überlasse dich dem Moment, der Musik, den Bewegungen, der Liebe. Genieße es in vollen Zügen, liebe Mama.

Schöne Momente

Manchmal bin ich frühmorgens sehr gedankenverloren und mache Pläne für den Tag, während ich mit meinen Kindern frühstücke. Auch wenn ich körperlich anwesend bin und mich offensichtlich um die Grundbedürfnisse, die die Ernährung betreffen, kümmern kann, sind meine Gedanken nicht am Esstisch aufzufinden. Wenn ich mich wieder daran erinnere, dem Moment meine volle Aufmerksamkeit zu schenken, benutze ich das Bewusstseinsdreieck als schnelle Hilfe (Körperempfindungen, Gedanken, Emotionen) und plötzlich bin ich wieder am Tisch präsent und erfüllt von Liebe und Dankbarkeit für meine Kinder. Ich nehme die Wärme in meinem Herzen wahr und das Lächeln, das sich auf meinem Gesicht formt, wenn ich in ihre Augen schaue. In dem Moment, in dem sich unsere Blicke treffen, wissen sie, dass ich komplett bei ihnen bin. Was kurz zuvor noch ein banaler, neutraler Moment war, ist jetzt ein wunderbarer Moment der Verbindung geworden. Und das nur durch eine Verschiebung der Wahrnehmung.

> Das Leben ist keine Generalprobe. Du solltest mindestens einmal am Tag einen besonderen Moment haben.
>
> —Sally Karioth

Die Achtsamkeitsübung „Schöne Momente": Nimm dir das Bewusstseinsdreieck zur Hilfe und halte nach mindestens einem schönen Moment am Tag Ausschau. Wenn du einen scheinbar neutralen und austauschbaren Moment erlebst, dann nimm deine Gedanken und Gefühle wahr und suche schnell deinen Körper nach wahrnehmbaren Empfindungen ab. Es gibt keinen Grund, irgendetwas zu erzwingen. Akzeptiere so gut du kannst, was sich dir zeigt – schön, nicht schön oder neutral. Nur dadurch, dass du aufmerksam bist, werden sich neutrale Empfindungen nicht automatisch in schöne verwandeln, aber es ist oft ein willkommener Nebeneffekt.

Kissenschlacht!

Von vielen Gewohnheiten, die wir unserem Sohn erlaubt haben, bin ich eigentlich kein Fan. Dazu gehört zum Beispiel gleich nach dem Aufstehen Fernsehen zu schauen. Vielleicht habe ich mich dazu hinreißen lassen, weil er sich dann immer auf meinen Schoß kuschelt, während ich lese. Es ist bei Weitem der schönste Moment des Tages. Ja, ich gebe etwas beschämt zu, dass ich bereit bin, einen kleinen Teil seiner jungen Gehirnzellen für meine egoistischen Kuschelfreuden zu opfern.

Auch wenn du vielleicht meine scheinbar selbstsüchtige Erziehungswahl kritisierst, gibt es auch eine gute Angewohnheit, die ich liebe. Wir haben sie „unsere tägliche Kissenschlacht" genannt, und sie besteht darin, dass wir auf dem alten Radio in meinem Schlafzimmer laute Musik hören, während wir uns mit Kissen bewerfen, tanzen und uns kitzeln. Also einfach nur Dummheiten machen. Wir beide lieben das ausgelassene Lachen, das Körperliche und diese wenigen Momente, in denen wir ohne Ablenkungen komplett mit uns alleine sind. Unsere Kissenschlachten sind so zur Routine geworden wie das Zähneputzen am Morgen (tatsächlich beginnt der Spaß genau nachdem die Zähne sauber sind).

Wenn ich merke, dass ein Wutanfall kommt (seiner oder meiner), dann schlage ich schnell eine Kissenschlacht vor, egal, zu welcher Tages- oder Nachtzeit. Ich bin jedes Mal aufs Neue erstaunt, wie Musik, Tanzen und Spielen jede schlechte Stimmung in wenigen Minuten auflösen kann.

Die Kissenschlacht-Achtsamkeitsübung: Wenn die Stimmung von jemandem ein bisschen gehoben werden muss (oder auch wenn nicht), mach Musik an und tanze ganz ungezwungen. Erinnere dich daran, dass du sehr viel Kontrolle darüber hast, wie du eine Situation beurteilst und wie lange du ihr zu brodeln erlaubst. Es ist auch ein gutes Vorbild für die Kinder, ihnen zu zeigen, wie man schlechte Laune abschüttelt. Es gibt nicht den einen richtigen Weg – hab nur Spaß und lass los. Du kommst am Ende zu deiner eigenen Version einer Kissenschlacht. Weißt du, wie schwierig es ist, zu Discomusik zu tanzen und dabei böse zu bleiben?

Hausarbeiten –
Teil I

Es ist noch nicht so lange her, dass Ehepaare sich für riesige Familien entschieden haben, größtenteils, um genug Hilfe bei der Landwirtschaft und dem Haushalt sicherzustellen. Unglaublich, wie unser kollektives gesellschaftliches Denken sich geändert hat. Ich bin der Meinung, wir sollten ein bisschen von dieser Arbeitsethik zurückholen und die Kinder mit einbeziehen.

Hausarbeiten sind gut für Kinder, um ihnen Verantwortung, Beharrlichkeit, Zeitmanagement und einiges mehr beizubringen. Nimm ein paar Dinge von deiner Liste und delegiere sie altersgemäß an deine Kinder. Während du das tust, erinnere dich, dass Kinder oft geduldig beigebracht bekommen müssen, wie sie etwas zu machen haben, was du für selbstverständlich hältst.

Der Erzieher und Verhaltensspezialist Ronald Morrish rät folgende Schritte zu beachten, wenn man Kindern – egal welchen Alters – etwas beibringt: Fang klein an, bleib nah dabei, bestehe darauf und begleite alles bis zum Ende. Auch wenn es zunächst eine Zeitinvestition ist, dein Kind anzuleiten, wird es dir auf lange Sicht Zeit ersparen. Es ist auch eine Möglichkeit, die Bindung mit deinem Kind zu stärken, wenn du neben ihm arbeitest, besonders während der Lernphase.

> Bringe deinen Kindern niemals etwas bei, wenn du nicht gerade voller Liebe bist und es ihnen liebevoll erklären kannst. Wut und Bestrafung basieren nie auf Liebe. Wenn alle positiv gestimmt und aufnahmefähig sind, ist der richtige Moment, um etwas zu erklären.
> —Dr. Laura Markham

Zum Glück ist meine Tochter meistens empfänglich dafür, bei Aufgaben im Haus und mit ihrem kleinen Bruder zu helfen. Wenn meiner Bitte nach Hilfe ein bisschen kindliches Gejammer folgt, dann erinnere ich sie schnell an das Leben einer Bauerstochter im 19. Jahrhundert, die vor Sonnenaufgang aufstehen musste, um die Arbeiten auf dem Hof zu machen, danach der kilometerlange Weg zur Schule, gefolgt von mehr Hausarbeit, Babysitting, Hausaufgaben und Essensvorbereitungen. Nur um meinen Punkt zu verdeutlichen, weise ich auf die Ungemütlichkeit von einem eiskalten Plumpsklo im tiefsten Dunkel einer Winternacht hin. Entweder kapituliert sie dann wegen der Geschichte selbst oder um sich meiner verstörenden Erzählung zu entziehen. Auf jeden Fall macht es das für sie unangenehmer, sich den Arbeiten im Haushalt zu verweigern, anstatt sie einfach zu machen. Du musst eben tun, was du tun musst.

Die Achtsamkeitsübung „Hausarbeiten – Teil I": Lass die Vorstellung los, dass Aufgaben so erledigt sein müssen, wie du sie machen würdest. Wenn du Angst hast, dass die anderen nicht deine Standards erfüllen können, könnte das eine gute Möglichkeit sein, die Achtsamkeitsübung „Gut genug" (Seite 175) zu machen. Du bist vielleicht ein Experte darin, Wäsche zusammenzulegen, aber dein Kind lernt es gerade erst.

Schau dir ungefähr alle sechs Monate an, für welche Hausarbeiten deine Kinder verantwortlich sind. Es ist einfach, in einer Routine stecken zu bleiben und zu vergessen, dass unsere Kinder reifer werden, dass sie lernen und mehr Verantwortung übernehmen können, sodass du weniger Lasten hast. Wenn sie helfen, dann erkenne das an und ruf dir ins Bewusstsein, wie du dadurch mehr Energie und Zeit für Dinge hast, die dir wichtig sind – Zeit mit den Kindern als eine hohe Priorität.

Erde dich!

Genau in den Momenten, in denen man gefühlt keinen Augenblick Zeit hat – wenn ich z.B. Arbeitsmails beantworte, meine meterlange To-do-Liste angehe oder mich schnell anziehen und zur Arbeit gehen muss –, dann verwandelt sich der Kleine in einen weinerlichen, anhänglichen, umherwirbelnden Derwisch, der genau *jetzt* meine Aufmerksamkeit braucht. Auch wenn es sich fast unmöglich anfühlt, mit dem aufzuhören, was ich tue, und ihm meine volle Aufmerksamkeit zu geben, ist es paradoxerweise genau das, was wir beide in dem Moment brauchen.

Ich habe gelernt, diesen Zirkus anzuerkennen, auch wenn er niemals weniger unbequem und herausfordernd wird. Oft sieht es ungefähr so aus: Ich bin in einem Hyper-Fokus-Macher-Modus, was mir zugegebenermaßen einen angenehmen Produktivitätskick gibt. Wenn das Gejammere von meinem Kleinen kommt, ist meine erste Reaktion, mich noch fester an meine To-do-Liste zu klammern. *Nicht jetzt, ich erledige gerade etwas! Mama ist im Flow! Keine Unterbrechungen!* Das ist dann normalerweise der Zeitpunkt, wenn er einen Ticken lauter wird, sodass ich ihn nicht mehr ignorieren kann. Wenn ich achtsam genug bin, kurz eine Pause zu machen, fällt mir auf: *Oh, ich weiß, was in diesem Moment nötig ist. Er braucht ein bisschen ungeteilte Mama-Aufmerksamkeit, und zwar so schnell wie möglich.*

Wenn ich nicht im achtsamen Modus bin, werden das Jammern und meine Versuche, mich dagegen zu wehren, noch ein paar Mal wiederholt, bis das Schema klar wird. Oft ist alles, was nötig ist, nur ein kleiner Moment der ungeteilten Aufmerksamkeit, um wieder aufs richtige Gleis zu kommen. Es scheint so, als ob unsere Kleinen von Natur aus merken, wann Mama eine Achtsamkeitsübung braucht, noch bevor wir es selbst merken. Es gibt Zeiten, da sollten wir ihren weisen Rat befolgen. Sie werden uns so oder so dazu bringen, unsere Tätigkeit zu unterbrechen, also können wir genauso gut auf ihr Achtsamkeits-Stichwort hören, um einen bevorstehenden emotionalen Zusammenbruch (ihren und unseren) zu vermeiden. Wenn du doch die Signale verpasst und ein Nervenzusammenbruch folgt, schau zur Achtsamkeitsübung „Nach dem Wutausbruch (deinem)" (Seiten 159–160).

Die Achtsamkeitsübung „Erde dich!": In den Momenten, in denen du dich auf deine Aufgaben konzentrieren willst, doch die Kids dich verrückt machen, nimmst du bestimmt, aber sanft Abstand zu der Situation. Vergib dir, wenn das schwierig erscheint, was meistens der Fall ist.

Beobachte alles, so gut wie du kannst, von einer außenstehenden Position. Finde heraus, was in diesem Moment notwendig ist. Es kann sein, dass es auf den Boden setzen und Lego spielen ist; oder vielleicht nimmst du dein Kind zum Knuddeln auf den Schoß und hörst kurz mit dem auf, was du gerade machst, um deinem Teenager zuzuhören, der etwas Wichtiges über seinen Tag erzählt. Der Schlüssel liegt hier in der hundertprozentigen und nicht unterbrochenen Aufmerksamkeit. Oft ist das viel schwieriger, als es klingt. Beobachte, wie es dich zur Arbeit zurück zieht. Atme und bleibe noch einen kurzen Moment. Meistens wirst du dann weniger hektisch und mit achtsamer Aufmerksamkeit zu deiner Arbeit zurückkehren. Du wirst deinem Kind vielleicht sogar dankbar für die Chance sein, wieder die wirklich wichtigen Dinge im Blick zu haben.

Der Nachmittagssnack

Auch wenn ich es nur sehr ungern zugebe, hatte ich eine geheime Vorstellung von mir als perfekte altbackene Mutter, als meine Tochter vor ungefähr einem Jahrzehnt ihren ersten Tag in der Vorschule hatte. Ich stellte mir vor, wie ich ihr jeden Tag nach der Vorschule frisch gebackene Schokokekse mit Milch anbot. Das war allerdings nur eine flüchtige Fantasie; ich glaube, ich habe es am ersten Tag geschafft (und vielleicht ab und zu in den folgenden neun Jahren), aber größtenteils war ich nicht diese Mutter. Sorry, mein Schatz.

Was ist eigentlich an dieser stereotypen Vorstellung der Mutter so anziehend? Wenn wir die Schürze und das zuckersüße Lächeln weglassen, dann bleibt das Gefühl von Wärme, Präsenz und Berechenbarkeit. Und das ist sehr anziehend. Die Kekse tun auch niemandem weh.

Genau wie die Bushaltestellen-Achtsamkeitsübung (Seite 57) ein geeigneter Moment ist, um innezuhalten, in Verbindung zu treten, zu reflektieren und unseren Kindern Liebe mitzugeben, wenn wir sie zur Schule schicken, bietet das Zurückkommen nach der Schule dieselbe Möglichkeit. Ein gemeinsamer Snack nach der Schule ist die perfekte Masche, um deine Kinder da zu haben, wo du sie haben willst – mit dir in der Küche, als deine freiwillig festgehaltenen Zuschauer für einen kurzen Moment.

Bei kleinen Kindern ist es offensichtlich, wie ihr Tag in der Schule gelaufen ist. Unschuldigen Grundschulkindern stehen ihre Emotionen ins Gesicht geschrieben, weil sie viel weniger geübt haben, eine lächelnde Maske zu tragen. Wenn es aufregende Neuigkeiten gibt, werden sie sich kaum zurückhalten können. An dem Snack nach der Schule teilzuhaben, ist eine perfekte Möglichkeit, ihre herzerwärmende Freude und Aufregung zu teilen, wenn sie frisch und lebendig ist. Wenn dein Kind im Gegensatz dazu einen besonders harten Tag hatte, wird es die Tränen nicht zurückhalten können und die Geschichte dazu wird automatisch aus ihm heraussprudeln. Zu wissen, dass Mama mit offenen Armen und Ohren da sein wird, reicht oft aus, um ein Kind durch einen schwierigen Tag zu bringen.

Jetzt, wo meine Tochter alt genug ist, um alleine mit ihren Freunden aus der Nachbarschaft von der Bushaltestelle nach Hause zu laufen, brauche ich nicht mehr an der Ecke warten, bis der Bus kommt und sie von den Stufen des Busses in meine Arme purzelt. Tatsächlich gibt es Tage, an denen ich so mit Schreiben beschäftigt bin, dass ich sie fast gar nicht bemerke, wenn sie von der Schule kommt und das Haus betritt. Aber zwangsläufig bemerke ich es dann schon. Manchmal muss ich mich zwingen, meinen Gedanken zu unterbrechen, damit ich sie umarmen und nach ihr sehen kann. Zwei Tage die Woche bin ich nicht zu Hause, um sie zu begrüßen, und zwei andere Tage die Woche muss ich ein paar Minuten nach ihrer Ankunft ins Büro und packe deswegen meine Sachen zusammen, wenn sie zur Tür reinkommt.

Ich bemühe mich, dass ich alles fertig habe, bevor sie zurückkommt, sodass ich ihr für diese kurzen 15 Minuten meine ungeteilte Aufmerksamkeit anbieten kann. Natürlich bin ich nicht die perfekte Mutter, aber mit ein bisschen Flexibilität schaffen wir das. Wir essen, wir reden. An manchen Tagen hat sie wenig zu erzählen; an anderen Tagen kann sie die Zeit komplett nutzen, um etwas abzuladen und zu teilen.

Auch wenn wir unsere Kinder so gut kennen, müssen wir sehr geübt sein, ihre nonverbalen Signale zu lesen – was sie nicht sagen, aber was aus ihren Gesichtern, ihrem Verhalten oder ihrem Energielevel gelesen werden kann. Ältere Kinder gehen vielleicht direkt in Richtung ihres Zimmers. Einen rituellen Snack nach der Schule zu teilen, ermöglicht zumindest eine kleine Gelegenheit, die Stimmung zu bemerken, einzuschätzen und miteinander in Verbindung zu treten. Was unsere Kinder manchmal wirklich brauchen, ist einfach unsere Anwesenheit und ein bisschen Stille; oder vielleicht ein bisschen Musik, die wieder Energie gibt. Das Snack-Ritual nach der Schule ist etwas, worauf deine Kinder mit der Zeit zählen werden, ob sie sich dessen bewusst sind oder nicht. Es kann ein erdender, beruhigender und berechenbarer Teil ihres Tages oder ihrer Woche sein.

Die Achtsamkeitsübung „Nachmittagssnack": Entwickle die Gewohnheit eines gemeinsamen Snacks mit deinen Kindern nach der Schule, wann immer das möglich ist. Schaffe in deinem Terminplan Platz für diese heilige Zeit der Wiederverbindung. Bereite einen einfachen Snack zu, möglichst gesund und nahrhaft, wenn nötig auch etwas aufwendiger und lecker.

Mach in angemessenem Rahmen, was immer du tun musst, um dein Kind dazu zu bringen, mit dir zu essen und Zeit zu verbringen. Wenn das Kekse und Milch bedeutet, dann ist das so. Mach es ansprechend. Auch wenn es vielleicht ein bisschen manipulativ ist, ist es trotzdem ein Angebot voller Liebe. Essen kann ein sehr guter Motivator sein, besonders für Teenager.

Einen Snack nach der Schule zu teilen, kann auch ein wunderbarer Weg sein, um eine natürlich fließende Unterhaltung zu haben. Wenn dein Kind jünger ist, dann ist ein Gespräch vielleicht nicht der Punkt, auch wenn viele junge Kinder anfangen, die Frage „Wie war's in der Schule?" überraschend früh mit Ein-Wort-Sätzen zu beantworten. Wenn das der Fall ist, dann fang an, offenere Fragen zu stellen, so wie: „Erzähl mir etwas, was dich heute überrascht hat. Neben wem hast du beim Mittagessen gesessen? Erzähl mir etwas, das sich heute schwierig angefühlt hat." Lass die Unterhaltung und die Fragen so natürlich wie möglich entstehen, damit du dein Kind nicht einem scheinbaren Verhör aussetzt. Nichts würde es mehr dazu bringen, aus dem Zimmer zu fliehen, als das.

Erinnere dich daran, dass wir eine Unterhaltung nicht erzwingen, sondern nur die Bedingungen dafür schaffen können. Je älter unsere Kinder werden, desto anstrengender und seltener werden natürliche und aufrichtige Unterhaltungen. Besonders mit Teenagern müssen wir, wann immer möglich, offen dafür sein, ihren Zeitplänen zu folgen und nicht unserem. Durch dieses Ritual nach der Schule werden deine Kinder erwarten und ganz sicher wissen, dass du da bist, mit dem Körper und mit echter Anwesenheit, falls und wenn sie reden müssen. Wenn sich dein Familien-Zeitplan, ähnlich meiner Arbeitswoche, nicht für tägliche Snacks nach der Schule eignet, versuch trotzdem, mindestens einen Tag in der Woche für diese Zeit des Miteinanders zu finden. Du musst eventuell kreativ werden, um das für deine Familie zu ermöglichen.

Tara, eine Mutter, die ich kenne und die nicht zu Hause arbeitet, praktiziert diese Achtsamkeitsübung jeden Freitagnachmittag. Bevor sie Abendessen zubereitet, holt sie ein paar Trauben, Käse und Cracker heraus und versammelt sich mit ihren zwei Kindern, eins in den Zwanzigern und eins ein Teenager, in der Küche. Sie schauen ganz einfach, wie es allen geht und entspannen sich sichtlich, während sie ins Wochenende starten. Manchmal gehen die Kinder nach ungefähr zehn Minuten in ihre Zimmer, aber oft bleiben sie auch in der Küche, während Tara das Abendessen zubereitet. Tara hat mir erzählt, dass diese einfache wöchentliche Routine viele erkenntnisreiche Unterhaltungen ermöglicht hat, die sie sonst verpasst hätte. „Meine Kinder sehen mich sonst nach der Arbeit sehr beschäftigt herumwirbeln, aber sie wissen, dass das eine Zeit ist, wo alles andere stoppt und wir hundertprozentig füreinander da sind. Sie wissen, dass sie meine volle Aufmerksamkeit haben und ich habe ihre.“ Eine Schürze und frischgebackene Kekse sind nicht nötig.

Hausaufgaben

Hausaufgaben. Was ist dein erster Reflex bei diesem Wort? Ist es Abneigung und Schrecken, begleitet von einem akuten Gefühl der Panik und Kurzatmigkeit? Vielleicht reagierst du auch mit einer ruhigen Unbefangenheit, mit weder positiver noch negativer Assoziation. Vielleicht spürst du auch ein warmes Kribbeln, ein Gefühl der Begeisterung und freudiger Erwartung auf gemeinsame schöne Erinnerungen mit deinem Kind. Erstaunlicherweise können Hausaufgaben jede dieser sehr unterschiedlichen Reaktionen bei Müttern herbeiführen, je nachdem, an welches Kind sie denken und in welcher Phase der Erziehung sie gerade sind.

Abhängig von einer ganzen Palette von Faktoren, wie die einzigartige Persönlichkeit deiner Kinder, Alter, Motivation, Selbstständigkeit und auch, wie lange es schon eine Hausaufgabenroutine gibt und wie die damit verbundenen Gefühle sind, können die Hausaufgaben die größte und schwierigste Herausforderung sein oder eine, die im Handumdrehen gemeistert wird. Wenn du dich ehrlicherweise im Lager der Furcht wiederfindest, kann dich diese Übung täglich begleiten.

> ## Kindererziehung ist teils Spaß, teils Guerilla-Krieg.
> —*Ed Asner*

Wie bei den meisten Sachen in der Erziehung kann die Einstellung, die wir Mütter zu einer Situation haben, besonders wenn sie historisch mit Angst behaftet ist, den Ton der Interaktion bestimmen. Allerdings hängt die Einstellung letztendlich vom Kind ab. Unser Verhalten und unsere Präsenz sind wichtig und können entweder behindern oder helfen, aber nur bis zu einem gewissen Grad. Schließlich hat jedes Kind seine eigene Persönlichkeit, über die wir nicht so viel Kontrolle haben. Vielleicht sind Hausaufgaben jedoch nicht deine aktuelle mütterliche Herausforderung oder sie sind für dich neutral oder sogar eine angenehme tägliche Begebenheit in deinem Zuhause. Wenn das der Fall ist, kannst du dich glücklich schätzen. Genieße es, solange es andauert. Ich will nicht deine Blase der Hausaufgabenliebe platzen lassen, aber irgendwann werden auch die fleißigsten Kinder einer Art der Frustration oder des Misserfolges in ihrer intellektuellen Laufbahn begegnen. Falls und wenn das also passiert und du dich auf einmal in den unbekannten Hausaufgabengefilden befindest, hast du hier eine Achtsamkeitsübung, die dich da durch leitet.

Die Hausaufgaben-Achtsamkeitsübung: Es ist wichtig, zuerst das Bewusstsein für sich selbst zu schaffen. Deine anfängliche Reaktion beim Gedanken an Hausaufgaben kann dich hier leiten. Wenn du dir bereits bewusst bist über die große Portion Angst, Panik, Widerwillen oder Furcht, weil du diese schwierige Phase mit den Hausaufgaben schon eine Weile durchmachst, dann besteht dein Ausgangspunkt darin, dich jeden Tag zu beruhigen, bevor es anfängt.

Für manche von uns entsteht ein subtileres Gefühl der Furcht wegen der Unberechenbarkeit, wie sich das Hausaufgaben-Lösen abspielen wird. Vielleicht geht es reibungslos voran, oder mit gelegentlichen großen Nervenzusammenbrüchen, die scheinbar aus dem Nichts auftauchen, oft aufgrund bestimmter Projekte oder Fächer. Es ist verunsichernd, so unvorbereitet erwischt zu werden, weil diese Unberechenbarkeit uns etwas nervös machen kann, ohne dass wir es bemerken.

Also müssen wir zuerst wahrnehmen, was wir erleben, und uns, wenn nötig, beruhigen. Wir müssen uns vielleicht fragen, wie wir dem Kind am besten begegnen, denn was bei dem einen gut klappt, kann bei dem anderen einen entgegengesetzten Effekt haben. Meistens ist es dann ein Trial-and-error-Verfahren. Dann müssen wir unseren Kindern die Zügel in die Hand geben, einen Schritt zur Seite treten und die Dinge so laufen lassen, wie sie kommen. Im Zweifel: Sei so wenig involviert wie möglich, aber greif ein, wenn es nötig ist. Es ist schmerzhaft, unsere Kinder so kämpfen zu sehen, aber es ist sehr wichtig, dass wir nicht sofort eingreifen. Es kann sehr hilfreich sein, deinem Kind beizubringen, sich mit Atmen zu beruhigen, für einige Momente Abstand zu nehmen, sich zu dehnen oder Musik zu hören. Und wenn dein Kind trotzdem weiterhin jeden Tag zu kämpfen hat, ist vielleicht Hilfe von außerhalb gerechtfertigt.

Involviere dein Kind beim Entwerfen gesunder, individuell angepasster Hausaufgabengewohnheiten, die für es funktionieren. Erlaube es deinem Kind, sie auszutesten, auch wenn du skeptisch bist. Wenn seine Idee von einer durchführbaren Routine nicht die gewünschten Resultate hervorbringt, musst du ihm vielleicht deine eigene Struktur auferlegen. Versuche, so gut du kannst, dein Kind in die Diskussion miteinzubeziehen, und mache Kompromisse bei den Lösungen, wann immer das möglich ist. Beim Älterwerden deiner Kinder ist es hilfreich, wenn du in regelmäßigen Abständen deinen Grad der Beteiligung neu einschätzt und möglichst mehr Selbstständigkeit förderst.

Am wichtigsten ist es, dass du kontinuierlich achtsam und neugierig auf deine eigenen subtilen Körperempfindungen, Emotionen und Gedanken bist, wenn die Hausaufgabenzeit näher rückt. Atme, entspanne angespannte Muskeln und habe Mitgefühl mit dir selbst angesichts dieser typischen Herausforderung bei der Erziehung.

Sport und Wettbewerb

Wir kennen alle Situationen, in denen Eltern den Sport und die Rolle ihrer Kinder dabei viel zu ernst nehmen. Niemand will das Klischee von Eltern erfüllen, die beim Fußballspiel am Rand stehen und stellvertretend durch ihre Kinder leben. Ich muss aber zugeben, dass ich verstehe, wie so etwas entstehen kann.

Egal, ob du einen angehenden Athleten, Musiker, Künstler oder Akademiker hast – wenn du dich in der Situation befindest, deinem Kind bei jeglicher Art des Wettbewerbes zuzuschauen, wärst du unehrlich, zu sagen, dass dich das kaltlässt. Ob wir nun versuchen, locker und unbeeinflusst zu wirken oder nicht, ist der Auftritt oder Wettbewerb unserer Kinder doch wichtig für uns. Vielleicht liegt das nicht so sehr daran, dass es uns an sich wichtig ist, sondern dass es uns wichtig ist, wie es ihnen geht und wie sie von dem beeinflusst sind, was sie tun – ganz zu schweigen davon, dass mit zunehmendem Alter die Konkurrenz und die zukünftigen Herausforderungen ebenfalls ansteigen.

Wir kennen unsere Kinder so gut, was manchmal ein Segen und manchmal ein Fluch sein kann. Wenn wir ihre Körpersprache und ihre Gesichter lesen, fühlen wir mit ihnen, und während wir sie beobachten, stellen wir uns vielleicht vor, was sie gerade beim Gewinnen oder Verlieren durchmachen. Wir sind nervös, begeistert, stolz auf sie. Aber das ist genau der Punkt, an dem wir besondere Vorsicht walten lassen müssen. Es ist einfach, sich mitreißen zu lassen. Die meisten von uns können sich genug kontrollieren, um nicht beim Klischee der Fußball-Eltern zu enden, aber wir haben wahrscheinlich viele ähnliche (nur hoffentlich weniger intensive) Gedanken, Körperemp-

> Bei der Meditation geht es nicht darum, etwas zu reparieren, was kaputt ist. Es geht darum, zu entdecken, dass nichts kaputt ist.
>
> —*Jon Kabat-Zinn*

findungen und Gefühle. Vielleicht haben deine Kinder schon so lange Auftritte oder Sportwettkämpfe, dass du kaum noch darüber nachdenkst, aber meine Annahme ist, dass du tatsächlich auch einige dieser Reaktionen zeigst.

Wir sind uns auch dessen bewusst, wie unglaublich mutig es von unseren Kindern ist, es zu versuchen. Wenn sie in irgendeiner Form auftreten, sind sie angreifbar – für Kritik und die Bewertung durch sie selbst, uns und andere. Deswegen gibt es für uns Mütter in solchen Situationen zumindest zwei Ebenen. Es gibt nicht nur die Performance selbst, sondern auch die Kritik von entweder wohlgesonnenen Trainern oder Lehrern und anderen Eltern, die meistens am härtesten ist. Es ist schwierig genug, daneben zu sitzen und deinem Kind zuzuschauen, seine Nervosität wahrzunehmen und seine Konzentration zu beobachten, ohne ein anderes Elternteil zu überhören, das einen Kommentar macht oder, noch schlimmer, sogar dein Kind von der Seitenlinie aus anschreit.

Ich habe bei mir selbst folgende Reaktionen festgestellt: Ich halte die Luft an, habe einen angespannten Bauch, ziehe meine Schultern hoch, verkrampfe meinen Kiefer, mein Herz klopft schneller und mein Atem ist flacher – alles in der Erwartungshaltung eines Wettkampfes oder Auftrittes. Manchmal sind diese Empfindungen erst im Nachhinein richtig deutlich. Nach dem Wettkampf stelle ich fest, wie ich meine Muskeln angespannt habe, und nachdem ich einen ersten tiefen Atemzug nehme, merke ich, wie flach ich geatmet habe. Natürlich ist es nicht immer so unangenehm und ich habe es auch schon richtig genossen, meinen Kindern bei Wettkämpfen zuzuschauen. Ich habe gefühlt, wie mein Herz vor Stolz angeschwollen ist, ein großes Grinsen auf meinem Gesicht, Tränen in den Augen, Wärme in meiner Brust, die mit vielen entspannten und tiefen Atemzügen gefüllt ist.

Auch wenn wir auf der intellektuellen Ebene wissen, dass Fehler oder Niederlagen eigentlich gesunde Lebenslektionen für unsere Kinder sind, können wir nicht verhindern, dass wir dafür beten, sie mögen nicht gerade jetzt passieren. Nicht dieses Mal – wenn sie scheitern müssen, kann das nicht nächstes Mal sein? Dieses Mal fühlt sich zu schmerzvoll an. Für uns. Wenn du ein Kind hast, kannst du nichts daran ändern, ein bisschen Angst, Anspannung oder Nervosität zu fühlen, wenn es einen Auftritt hat oder in irgendeiner Weise bewertet wird. Es liegt einfach in der menschlichen Natur. Wie gehen wir also damit um?

Auch wenn wir cool bleiben, kennen uns unsere Kinder genauso gut wie wir sie. Sie können schnell unsere Angst und Anspannung wahrnehmen. Anstatt also unsere wertvolle Energie dafür aufzuwenden, es vor ihnen zu verstecken, nimm diese Achtsamkeitsübung, um dich zu beruhigen. Je mehr wir uns unserer Gedanken, Gefühle und Körperempfindungen bewusst sind, desto weniger reagieren wir einfach drauflos, sondern können ganz bewusste Reaktionen haben.

Die Achtsamkeitsübung „Sport und Wettbewerb": Während du deinem Kind bei einem Wettbewerb zuschaust, richte deine Aufmerksamkeit auf den Atem. Wir halten oft die Luft an oder atmen ganz flach, wenn wir ängstlich oder aufgeregt sind. Richte deine Aufmerksamkeit auf die drei Punkte des Bewusstseinsdreiecks (Seite 25): Was sind deine Körperempfindungen? Hast du deine Schultern hochgezogen? Ist dein Gesicht zu einer Grimasse verzogen? Wo fühlst du Anspannung im Körper? Kannst du diese Muskeln entspannen? Wenn du flach atmest, dann atme ein paar Mal tief ein und aus.

Was geht in deinen Gedanken vor sich? Kritisierst du dein Kind? Stellst du dir vor, was es denkt? Nimm deine Gedanken wahr und versuche, so gut es geht, deine Aufmerksamkeit auf den Wettbewerb vor dir zu richten. Kannst du versuchen, von einem objektiveren Standpunkt aus zu beobachten? Kannst du neugierig und offen gegenüber dem Geschehen sein? Welche Emotionen sind gerade da – Stolz? Angst? Erwartungen? Frustration?

Wenn du dir deines inneren Zustandes bewusst bist, erinnere dich daran, dass egal, was passiert, alles wertvolle Lebenslektionen und auch ein paar Schwierigkeiten gesund und lehrreich sind. Nimm Abstand und erweitere die Perspektive. Du findest es vielleicht auch hilfreich, dich zu erinnern, dass es in einem Jahr keine Rolle mehr spielen wird, auch wenn es sich in diesem Moment wichtig anfühlt. (Und wenn es doch in einem Jahr noch eine Rolle spielen sollte, geh zurück zu den Atemzügen. Es mag wichtig sein, aber sicherlich nicht so sehr, wie es sich in diesem Moment anfühlt.) Viele Eltern erinnern ihr Kind daran, dass es nicht das Ende der Welt ist. Tatsächlich kann man es auch so sehen: Es ist der Anfang vom Rest ihres ganzen Lebens.

Stoppe die Teenager-Attitüde

Wie hast du dir dich als Mutter vorgestellt, bevor du Kinder hattest? Ruhig? Liebevoll? Konstant? Lustig? Kontrolliert? Klar, zu bestimmten Zeiten können wir alles davon sein. Was mich aber am meisten beim Mutterwerden überrascht hat, war meine Unfähigkeit, konstant alle diese Qualitäten zu verkörpern, während ich diese kleinen Wesen erzogen habe, die ich mehr als alles andere auf der Welt liebe. So ein Paradox. Zugegebenermaßen war ich nicht so naiv, zu denken, dass unsere Tage immer so zuckersüß sein würden, wie man es beispielsweise in manchem Popsong suggeriert bekommt. Ich bin jedoch immer wieder erstaunt über meine Fähigkeit, mich in einen durchgedrehten Jack Nicholson aus „Shining" zu verwandeln, wenn ich provoziert werde. (Ich bin mir sicher, es sieht nicht so schlimm aus, wie es sich anfühlt. *Oder, Schatz? Warte, antworte lieber nicht.*) Und als meine kleine Tochter zum Teenager wurde, wurde es nur noch interessanter.

Diese Erziehungssache ist hart, wenn man währenddessen in der realen Welt lebt, mit realem Stress, realen Verantwortungen und realen Persönlichkeiten. Und die Teenagerjahre bringen eine neue Palette der Herausforderungen mit sich – Herausforderungen wie die der Teenager-Attitüde.

Es ist noch nicht lange her, dass meine geliebte, süße Tochter in die Pubertät kam. Ich kann euch Mütter älterer Teenager alle hören, wie ihr so etwas denkt wie: *Sie hat keine Ahnung, was noch auf sie zukommt. Ich weiß es, ich*

> Kinder bringen dir viel über dich selbst bei. Sie bringen dir bei, dass du zu tiefem Mitgefühl fähig bist und auch, dass du definitiv nicht die nette, ruhige, kompetente, klar denkende, hoch entwickelte Person bist, für die du dich gehalten hast, bevor du Mutter wurdest.
>
> —Harriet Lerner

glaube euch und lasst mich nur sagen, dass es Zeiten gibt, in denen Verleugnung eine wunderbare Sache ist. Es kommt also zur wiederholten Überraschung, wenn meine geliebte Tochter auf eine unschuldige Frage mit einem Mix aus Attitüde, Ekel und dramatischem Augenrollen reagiert. Das ist der Moment, in dem ich mir vorstelle, ich hätte eine Fernbedienung, die ganz subtil (ich bin immerhin kein Monster) mit einem Elektroschocker verbunden ist, der gerade stark genug ist, um ihre Augäpfel an den richtigen Platz zu rücken und sie in die süße, liebevolle Tochter zurückzuverwandeln.

Bevor du das Jugendamt anrufst: Ich habe gesagt, *ich stelle es mir vor* und ich versichere dir, dass die Vorstellung sehr kurzlebig ist. Ich bin nicht stolz auf diese Reaktion, aber Humor mildert das Ganze, indem es eine kleine Distanz zwischen mir und der Situation schafft. Was mich auch davon abhält, komplett die Kontrolle zu verlieren, ist es, die STOP-Achtsamkeitsübung zur Hilfe zu nehmen:

Stop. Nimm einen Atemzug. Beobachte. Mach weiter.

Bei der STOP-Achtsamkeitsübung geht es nicht so sehr darum, das universelle Verhaltensmuster eines Teenagers loszuwerden (auch wenn ich wahrlich nichts dagegen hätte), sondern mehr darum, uns unter Kontrolle zu haben, wenn wir damit konfrontiert sind. Es geht selten gut, wenn wir in unseren eigenen emotionalen Sturm kommen und deswegen nicht klar denken können. Wie viel Teenager-Blödsinn wir tolerieren können und wo wir die Grenzen setzen, liegt an jedem einzelnen von uns. Aber zuerst müssen wir uns kontrollieren, damit wir mit einer potenziell aufgeladenen Situation umgehen können.

Wenn ich mich dabei erwische, wie ich mit der Attitüde meines Teenagers konfrontiert werde, kann ich stoppen, ein paar tiefe Atemzüge nehmen und meine Körperempfindungen checken. Ich bin dann besser dazu fähig, mich zu sammeln und sie mit ruhiger Stimme zu ermahnen, auf ihren Ton zu achten. Was immer danach passiert, ist von einer ganzen Menge von Faktoren abhängig, aber ich habe in der Zwischenzeit mehr Klarheit erlangt und kann dementsprechend fortfahren (größtenteils), ohne dass ich Gedanken an Elektroschocker oder Shining-Szenarien habe.

Die STOP-Achtsamkeitsübung: Wenn dein Teenager eine entsprechende Teenager-Attitüde an den Tag legt, achte darauf, ob du deine eigene Attitüde zuerst kontrollieren kannst. Stoppe zunächst genau da, wo du gerade bist und was auch immer du machst. Nimm ein paar tiefe Atemzüge. Nimm wahr, was in deinem Körper passiert. Ist dein Kiefer angespannt? Ist dein Herzschlag schneller geworden? Dein Atem beschleunigt? Welche Muskeln haben sich voller Ärger angespannt? Höchstwahrscheinlich werden deine Gedanken versuchen, dich zu überzeugen, das Problem jetzt zu lösen. Aber zuerst das, was zuerst kommt. Die STOP-Achtsamkeitsübung wird dir helfen, dich zu beruhigen, um die beste Lösung zu finden – entweder sofort oder nachdem du dem Ganzen etwas mehr Zeit und Überlegung gegeben hast. Wenn es notwendig ist (und es ist oft notwendig), wiederhole die ersten drei Schritte, bis du dich ruhig genug fühlst, um weiter zu machen. Stop. Nimm einen Atemzug. Beobachte. Mach weiter. Viel Glück (an uns beide). Möge die STOP-Achtsamkeitsübung uns helfen, nur ein bisschen näher an der Version von uns selbst als liebende Mutter zu sein, die wir uns einmal vorgestellt haben.

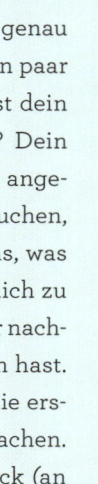

Abendessen

In ihrem klugen *Ted Talk* zitiert Jennifer Senior, Autorin von *Himmel und Hölle: Das Dilemma moderner Elternschaft,* den Glücksforscher Dr. Matthew Killingsworth: „Mit deinen Freunden zu interagieren, ist besser als mit deinem Partner zu interagieren, was wiederum besser ist, als mit anderen Verwandten, was besser ist als mit Bekannten, was besser ist als mit den Eltern zu interagieren, was besser ist als mit deinen Kindern zu interagieren. Die sind auf einer Ebene mit Fremden."

Jawohl. Das ist ein ganz schönes Statement. Zugegeben, es sind verallgemeinerte Forschungsergebnisse, die vielleicht oder vielleicht auch nicht mit deinen Erfahrungen übereinstimmen. Wenn ich allerdings ehrlich zu mir selbst bin, gibt es sicherlich Fälle, bei denen ich mich sehr gut in dieser Aussage wiederfinde – einer davon ist das Abendessen mit Kleinkindern. Und wenn in diesem Zitat auch nur ein bisschen Wahrheit für dich steckt, könnten Abendessen mit diesen kleinen Wilden „auf einer Ebene mit Fremden" ganz schöne Verdauungsstörungen verursachen. Was können wir dagegen tun, wenn wir nicht gerade jede Nacht eine Magentablette nehmen wollen? Zum Glück gibt es ein paar einfache Verhaltensweisen, die wir uns angewöhnen können, um die Wahrscheinlichkeit des täglichen Sodbrennens zu reduzieren.

Zunächst liegt der Schlüssel in der wöchentlichen Planung von Mahlzeiten. Wenn das kein Teil deiner täglichen Routine ist, ermutige ich dich, es für ein paar Wochen auszuprobieren und auf den Unterschied zu achten. Die Essensvorbereitungen, also zu wissen, welches Gericht wir kochen und die dazugehörigen Zutaten zu haben, ist glücklicherweise etwas, was uns nicht mehr Platz in unseren beschäftigten Köpfen und langen To-do-Listen wegnimmt, wenn wir einfach im Voraus planen. Weil mein Mann der Chefkoch ist, sitzen wir jeden Sonntag beim Kaffee für ein paar Minuten zusammen und machen den Essensplan für die nächste Woche. Es gibt einen großen Unterschied zwischen den geplanten Wochen und den Wochen, in denen wir improvisieren. Ohne ein vorbereitetes Menü tüfteln wir nicht nur in letzter Minute an einer Mahlzeit herum, sondern machen auch unnötige panische Einkäufe im Supermarkt, um benötigte Dinge zu holen; ganz zu schweigen davon, dass wir uns auch öfter Essen beim Lieferservice bestellen, was sowohl teurer als auch ungesünder ist.

Zweitens empfehle ich, die Bedingungen für ein schönes, geruhsames Familienessen so gut es geht herzustellen, um dann entspannt alle Erwartungen loszulassen. Abhängig von deinem Erziehungsstil können Erwartungen an das Essen nach allem zwischen einer formellen Sache und einem komplett chaotischen Durcheinander aussehen. Als mein Teenager ganz klein war, lagen unsere Erwartungen irgendwo in der Mitte. Wir haben ihr beigebracht, für eine Weile geduldig mit uns zu essen, mit einem gewissen Maß an Etikette. Mit meinem Sohn haben sich unsere Standards sogar noch mehr gelockert, teilweise wegen den unterschiedlichen Energielevels und Aufmerksamkeitsspannen, und teilweise weil die Kinder zehn Jahre auseinander sind. Mein Sohn hat Glück gehabt.

Denn nach einem Jahrzehnt habe ich festgestellt, dass es kein barbarisches Essverhalten als Teenager nach sich zog, wenn meine Tochter im Alter von zwei Jahren nicht länger als sechs Minuten am Esstisch saß. Sie ist jetzt offensichtlich in der Lage, in angenehmer und zivilisierter Weise zu essen, ohne Schaden anzurichten. Deswegen erlauben wir unserem Kleinen, vom Tisch aufzustehen und ein paar Runden durchs Wohnzimmer zu drehen, um dann wieder für ein paar Bissen zurückzukommen. Ich denke nicht, dass er das mit vierzehn Jahren auch machen wird. Jedenfalls hoffe ich das.

Weil wir wissen, dass unser Kleiner im Alter von vier Jahren garantiert die schnell vorbeiziehenden ersten Minuten sitzen bleiben wird, fangen wir das Essen oft damit an, zu schauen, wie es allen geht. Wenn die Unterhaltung sich nicht natürlich entwickelt, dann erzählen wir manchmal nacheinander, was die Höhen und Tiefen des Tages waren. Sogar unser Kleiner macht da gerne mit. Weil er schon fast wieder beim Aufstehen und Herumlaufen ist, klinkt er sich nur sporadisch in die Unterhaltung ein, aber gibt meinem Mann, meiner Tochter und mir so die Möglichkeit, sich länger zu unterhalten.

Zum Glück wird dieses kontrollierte Essenschaos mit der Zeit immer schwächer. Wenn die Kinder größer und reifer werden, sind sie natürlicherweise eher dazu geneigt, über längere Zeiträume an der Unterhaltung teilzunehmen. Jetzt, wo meine Tochter ein Teenager ist, freue ich mich und genieße die interessanten Gespräche mit ihr und meinem Mann beim Abendessen. Ich liebe es, von ihrem langen Tag zu hören, ihre durchdachten Meinungen und welche unterschiedlichen Interessen sie auch immer gerade beschäftigen. Was ein Jahrzehnt für einen Unterschied macht.

Die Abendessen-Achtsamkeitsübung: Versuche, so gut es geht, die Bedingungen für ein achtsames Familienessen zu schaffen. Plane wöchentlich, was es zu essen geben wird, um stressige Last-minute-Entscheidungen zu vermeiden. Stell ein paar Grundregeln auf, abhängig vom Alter der Kinder und deiner Vorstellung davon, was angemessen ist, zum Beispiel wie lange ein Kind am Tisch bleiben muss. Stell sicher, dass jedes Familienmitglied die Möglichkeit bekommt, (größtenteils) ohne Unterbrechung zu erzählen.

Vielleicht magst du eine Kerze anzünden und einen gemeinsamen tiefen Atemzug machen, kurz innehalten, um zu beten, ein paar Sekunden der Stille oder Dankbarkeit. Vielleicht willst du deiner Familie beibringen, wie man einen achtsamen Bissen isst und dabei genau die Eindrücke des Sehens, Riechens und Schmeckens wahrnimmt. Erinnere dich und deine Familie in liebevoller Weise immer wieder daran, eine Pause zu machen, einen tiefen Atemzug zu nehmen, langsamer zu werden und die achtsame Aufmerksamkeit auf das Essen zu richten. Es kann auch hilfreich sein, nur den letzten Bissen mit voller Achtsamkeit zu essen, weil wir dadurch über das ganze Essen hinweg erinnert werden, dass der letzte Bissen noch kommt und wir somit generell zu mehr Achtsamkeit angehalten werden.

Wenn du möchtest, kannst du auch reihum nach den Höhen und Tiefen des Tages fragen und dabei jedem deine volle Aufmerksamkeit geben. Am wichtigsten ist allerdings, dass du alle unrealistischen Erwartungen an ein perfektes Familienabendessen loslässt. Perfekt gibt es nicht und der Versuch, es zu erzwingen, kehrt es nur ins Gegenteil. Wenn du mit deinem Nachwuchs gerade mitten in der Kleinkindphase bist, dann tröste dich mit der Tatsache, dass das Essen nicht immer ein volles Chaos bleiben wird. In der Zwischenzeit gibt es immer noch die zuverlässige Wein-Achtsamkeitsübung (Seite 185). Bon Appétit.

Geschwisterstreit

Wie auch immer die Altersspanne deiner Kinder ist, es wird immer bestimmte Vor- und Nachteile geben. Die Nachteile bei unserer Familie, in der die Geschwister einen Altersunterschied von zehn Jahren haben, sind die Schwierigkeiten, gemeinsame Familienaktivitäten zu finden, die für beide Kinder geeignet sind. Hinzu kommt der Schock, der durch die zweite Welle aus Windeln und Schlafentzug ausgelöst wurde, sowie das logistische Problem, wenn man zwei Kinder an verschiedenen Schulen hat mit unterschiedlichen Anfangs- und Schlusszeiten.

Umgekehrt beschert mir der Altersunterschied eines Jahrzehnts auch unendliche Vorteile. Ich kann ganz einfach einen (meistens) willigen Babysitter am anderen Ende des Flures einstellen, ich habe mir ein bisschen hart verdiente Mama-Weisheit über die letzten zehn Jahre angeeignet und ich bin Zeugin davon, wie schnell die Zeit vergeht, was mir immer eine verlässliche Erinnerung daran ist, innezuhalten und den Moment zu genießen.

Vielleicht stellt man sich auch einen anderen Vorteil bei so einem großen Altersunterschied vor: kein typischer Geschwisterstreit bei den beiden. In diesem Fall läge man komplett falsch. Auch wenn meine Vierzehnjährige relativ reif und selbstkontrolliert für ihr Alter ist, verwandeln sich beide auf nicht so magische Weise in ein Paar zänkischer Kleinkinder, sobald sie in Spuckweite voneinander sind. Mein Sohn knurrt seine Schwester bedrohlich an, wenn sie ihn mit Umarmungen erdrückt. Sie reagiert mit einem erwachsenen „Okay! Dann spiele ich halt nicht mir dir!", während beide wild mit den Armen in der Luft herumfuchteln und nach dem anderen schlagen, als wären sie in einen Schwarm von Killerbienen geraten. Und dann kommt natürlich der universelle Aufschrei aller Geschwister: „Er hat angefangen!" *Seufz.*

Wann immer möglich, gehe (oder renne) ich in einer solchen Situation weg, um sie die momentane Krise selbst meistern zu lassen. Bisher wurde noch niemand ernsthaft verstümmelt. Ich habe nämlich herausgefunden, dass sie sich so schnell, wie sie sich in zänkische Barbaren verwandeln, wenn ich dabei bin, auch sofort wieder lieb haben, wenn sie alleine sind. Das heißt, dass mein Mann und ich ganz sicher einen

Abend zu zweit ausgehen können, ohne uns Sorgen machen zu müssen, was Zuhause passiert. Aber nur sechs Sekunden nachdem wir wiedergekommen sind, sind schon die kämpfenden Bestien zurück. Ihnen zu erlauben, das unter sich zu klären, ist deswegen etwas, was ich ihnen zutrauen kann, und was besser für sie ist (und für mich auch).

> **Achtsamkeit gibt dir Zeit. Zeit gibt dir Wahlmöglichkeiten. Eine gekonnt getroffene Wahl führt zur Freiheit. Du musst dich nicht von deinem Gefühl mitreißen lassen. Du kannst mit Weisheit und Gutherzigkeit agieren anstatt mit Gewohnheit und Reaktion.**
> *—Bhante Henepola Gunaratana*

Für den Fall aber, dass ich gefangen bin und nicht weglaufen kann, zum Beispiel während ich Auto fahre und die beiden sich hinten zanken, müssen meine Fähigkeiten ernsthaft ausgebaut werden. Ich habe gelernt (nachdem ich einige tiefe Atemzüge mache), mir vorzustellen, in einer unzerstörbaren geschwistersicheren Blase zu sein. Durch meine durchsichtige Blase kann ich sehen, falls ich eingreifen muss, während ich alle unschönen, frustrierenden kleinen Stimmen ignoriere. Es ist natürlich nicht *immer* effektiv und es gibt Momente, in denen ich gezwungen bin, meine Blase zu zerplatzen und einzugreifen, aber immer wenn es möglich ist, gehe ich in meine Blase. Im Minimalfall ermöglicht es mir, den Fokus auf etwas anderes als das irritierende Streiten zu lenken. Im Idealfall finde ich ein bisschen Frieden in meiner entzückenden vorgestellten Blase. Da drin ist es leise und sicher genug für die (auch imaginierten) Vögel, lieblich zu zwitschern. Wenn ich meinen Kindern gegenüber kurzzeitige Taubheit vortäusche, entspannt sich mein Gesicht zu einem Lächeln. Höchstwahrscheinlich ist die Blase teilweise geräuschdurchlässig, weil ich einfach nicht *so gut* darin bin. Ich atme, ich stelle es mir vor, ich werde zurück in die Realität gezogen, ich atme erneut, ich stelle es mir vor ... und immer so weiter.

Damit ich jetzt nicht einen furchtbaren Eindruck von meinen Kindern vermittelt habe, erwähne ich noch, dass ihr Streiten zum Glück nur phasenweise und unregelmäßig ist; genauso gut haben sie liebevolle Worte und Gesten füreinander. Wenn aber das schreckliche Gezanke losgeht, ist es zäh, an das Liebesfest zu erinnern, das vor drei Minuten noch in vollem Gange war. Wenn du mehr als ein Kind hast, findest du dich hier sicherlich wieder. Diese Achtsamkeitsübung ist für dich.

Die Achtsamkeitsübung „Geschwisterstreit": Nimm zuerst ein paar tiefe Atemzüge, um wieder Kontrolle über dich selbst und deine automatischen Reaktionen zu bekommen. Wenn deine Kinder jünger sind und die Situation besonders aufgeheizt ist, musst du vielleicht eingreifen, um ein sicheres Umfeld zu gewährleisten. Wann immer das möglich ist, atme zuerst. Genau wie es uns Müttern hilft, kurz Pause zu machen, um sich zu beruhigen und neu zu sortieren, hilft das auch den Kindern. Am besten benutzt man eine Pause als Möglichkeit der Deeskalation anstelle der Strafe. Wenn wir dem Konflikt auf diese gütige und doch bestimmte Art begegnen, lernen unsere Kinder, dass eine befohlene Pause nicht zur Strafe, sondern zum Wohlergehen aller Beteiligten ist. Wenn der Konflikt nicht auf großen körperlichen Schaden hindeutet, nimm diese tiefen Atemzüge und hülle dich langsam in die wunderbare vorgestellte Blase ein, in der Gleichmut herrscht. Gib deinem Körper Aufmerksamkeit, entspanne angespannte Muskeln in Schultern, Bauch und Gesicht. Gehe mit einer leichtherzigen Haltung an die Sache und sei so kreativ mit dem Inhalt deiner Blase, wie du möchtest. Es geht am meisten darum, den Fokus und den Rahmen der Situation zu verändern. Wenn es einer der Momente ist, in denen die Blase einfach nicht ausreicht, kann eine andere Achtsamkeitsübung eventuell hilfreich sein. Zum Beispiel „Die Perspektive wechseln" (Seite 134) oder „Auch das geht vorbei" (Seite 101), denn es wird auch vorbeigehen, so wie das immer ist. Ich verspreche es.

Auch das geht vorbei

Es gibt nichts Schmerzvolleres, als unsere Kinder leiden zu sehen und zu wissen, dass wir nichts tun können, um ihnen den Schmerz zu nehmen. Ob es körperlich oder emotional ist, der starke Drang, es auf uns zu nehmen, ist immer universell. Sich hilflos zu fühlen, ist eine starke Emotion und kann wie jede starke Emotion dazu führen, dass wir in nicht konstruktiver Weise handeln und es später bereuen.

Meine Babys haben beide für einige Wochen an Sodbrennen gelitten. Im Großen und Ganzen weiß ich, dass es eine relativ kleine Unannehmlichkeit ist, und glaube mir, ich höre nicht auf, dankbar dafür zu sein. Aber wenn man sich jeden Tag und jede Nacht inmitten des nicht zu beruhigenden Schreiens und Weinens (von ihnen und schließlich auch von mir) befindet, nimmt das Gefühl der Hilflosigkeit so ein riesiges Ausmaß an. Es gab Nächte, die sich unfassbar lang und quälend hinzogen, in denen ich stundenlang den Flur auf und ab ging und sehnsüchtig auf den Schimmer des Sonnenaufgangs wartete, um mich wieder als Mensch fühlen zu können (oder zumindest das Baby meinem Mann geben zu können oder eine Freundin anzurufen, ohne sie aus dem Tiefschlaf zu reißen).

Spule ein paar Jahre vor. Ich sitze im Auto, mein Kleiner hinten, an seinen Sitz angegurtet und außer sich vor Nervosität. Tränen laufen ihm von den schönen dunklen Wimpern herab, und sein Gesicht ist ganz gefleckt vom Schluchzen. Es ist sein erster Tag in der nahegelegenen Vorschule, ich habe ihn für drei Vormittage in der Woche angemeldet und er bettelt darum, nicht hingehen zu müssen. In seinem herzerwärmenden süßen Kopf eines Vierjährigen erfindet er jegliche rationale Erklärungen, warum er nicht gehen sollte, unter anderem auch, dass es okay für ihn ist, alleine zu Hause zu bleiben, wenn ich ihm sage, ich müsse zur Arbeit (das ist nebenbei bemerkt eine Lüge, die ich in meiner Verzweiflung benutzt habe – ich schicke ihn dorthin, weil ich mir ganz sicher bin, dass er es lieben wird, wenn er sich erst einmal daran gewöhnt hat – aber das kann ich ihm offensichtlich nicht erzählen).

Zum Glück dauert die Autofahrt zur Vorschule nur fünfeinhalb Minuten (diese halbe Minute zählt, wenn es sich anfühlt, als würde dir jemand das Herz herausreißen, glaub mir), und nach einer Woche haben die Tränen und das Betteln zum Glück aufgehört. Tatsächlich fragt mich mein Kleiner am ersten Tag der zweiten Woche, „Denkst du, ich muss heute vor der Schule weinen?" Ich sage ihm, ich denke es sei nicht notwendig. Und das war's.

Und was das Sodbrennen anbelangt, habe ich auch das geschafft zu überleben. So wie alles, ging auch diese Phase glücklicherweise vorbei und ruft nur noch ein winziges Zucken im Gesicht hervor, wenn ich daran denke. Was mir mitten in unser beider Leiden geholfen hat, damit umzugehen, war es, mich in dem Bewusstsein meines Atems zu erden und dieses Mantra immer und immer wieder zu wiederholen: *Auch das geht vorbei. Auch das geht vorbei.* Wenn du mich gesehen hättest, hättest du mich für eine Verrückte gehalten. Aber tatsächlich war es genau das Gegenteil. Ich habe mich mit der Hilfe dieses einfachen achtsamen Satzes an meiner geistigen Gesundheit festgehalten: *Auch das geht vorbei.*

Die Achtsamkeitsübung „Auch das geht vorbei“: Egal, ob es darum geht, einen Neugeborenen zu beruhigen oder einen Teenager mit gebrochenem Herzen, es ist immer hilfreich, zuerst ein paar tiefe Atemzüge zu nehmen und unsere Körperempfindungen wahrzunehmen, damit wir für unsere Kinder präsenter sind. Ist da ein panisches, leeres Gefühl im Magen, ein pressender Druck in der Brust? Ist der Atem etwas schneller geworden?

Sei liebevoll und mitfühlend zu dir, wenn unangenehme Empfindungen und damit assoziierte Gefühle der Hilflosigkeit und Traurigkeit hochkommen. Nutze das Bewusstsein für den Atem als Basis, um deine Aufmerksamkeit darauf ruhen zu lassen, wenn es sich anfühlt, als würden die Emotionen dich überwältigen. Wann immer das Gefühl der Hilflosigkeit aufkommt (und es wird immer und immer wieder aufkommen in diesem Achterbahn-Marathon der Erziehung), bleibe bei dem Bewusstsein jedes Ein- und Ausatmens und dem Wissen, dass *auch das vorbei geht, auch das geht vorbei*. Weil es das letztendlich immer tut und uns mit einer viel größeren Wertschätzung für das früher neutrale und jetzt wundervolle Gefühl der Momente zurücklässt, in denen wir einfach für eine Weile im Leerlauf sein können.

Schau in ihre Augen

Manchmal sind die einfachsten Momente im Leben auch die tiefgründigsten. Es sind die Momente, die uns dazu bringen, aufrecht zu sitzen und sie bewusst zu erleben, die den Schleier der Gedankenlosigkeit vor unseren Augen lüften. Wie das für die meisten von uns zutrifft, konkurrieren mehrere Dinge um meine Aufmerksamkeit und Zeit: Vierjähriger, Vierzehnjährige, Ehemann, Familie, Arbeit, Hausarbeit, Freunde, Sport, ehrenamtliche Tätigkeiten und so weiter. Wahrhaftig ein Luxusproblem; ich bin dankbar für alles, aber ich kann nicht anders, als mich manchmal von allem überfordert zu fühlen.

Das ist vor allem so, seit mein Kleiner zur Welt gekommen ist, weil er so viel von unserer Energie braucht. Als ein lustiger, energiegeladener Junge voller Lebensfreude reißt er uns schnell mit und kommandiert das ganze Zimmer mit seinem einnehmenden Kleinkindsein. Meine Tochter liebt ihn, und auch wenn sie die ersten zehn Jahre ihres Lebens das einzige Kind in unserer Familie war, beschwert sie sich nur ganz selten über seine Existenz. Wohl oder übel ist er die Nervensäge, das Kind, das in der Klasse als erstes die Hand hebt, wenn eine Frage gestellt wird. Ohhh, ohhh! Nimm mich! Nimm mich! Ja mein Lieber, du hast meine volle Aufmerksamkeit … und meine Zeit.

Letztens war ich an einem Nachmittag am Wochenende wegen einer Erkältung etwas ausgebremst. Während mein Sohn Mittagsschlaf machte, saß ich mit meiner Tochter auf der Terrasse und wir unterhielten uns. Ich war viel zu erschöpft für Hausarbeiten oder ein strukturiertes Gespräch, also saßen wir einfach nur und hatten jeweils unsere volle Aufmerksamkeit, untypischerweise frei von Ablenkungen. Während wir uns unterhielten, schaute ich in ihre Augen und war verblüfft von der Strahlkraft des Kaleidoskop-Musters von grün, blau und gold, das mir einmal so vertraut gewesen war. Ich war zugleich beeindruckt und entsetzt, dass ich ihre Einzigartigkeit vergessen hatte.

Und in diesem Moment fiel mir auch auf, wie unachtsam ich mit ihr kommuniziert hatte – ich hatte sie nicht richtig gesehen, meistens nur teilweise beachtet und dann oft nur kurz während irgendwelcher stumpfsinnigen Haushaltsaufgaben. Ich war traurig und gleichzeitig dankbar für die Realisierung, dass meine geliebte Vierzehnjährige hinter den viel zu vielen unbedeutenden Beschäftigungen zweitrangig geworden war.

Ich hatte stetig angefangen, die Angewohnheit zu entwickeln, sie immer ans Ende meiner potenziell endlosen Liste zu setzen – sicherlich nicht, was Wichtigkeit oder Liebe anbelangt, sondern mehr darauf ausgerichtet, wann sie meine volle Aufmerksamkeit bekommt: nachdem die Windeln gewechselt, der Hund gefüttert, die E-Mails von der Arbeit beantwortet waren. Am Ende jedes langen Tages, wenn der Kleine im Bett war und wir endlich richtig Zeit hatten, war immer wenig Energie für meine süße, tolerante Tochter übrig.

> Ich will nicht am Ende meines Lebens herausfinden, dass ich es nur in seiner Länge gelebt habe. Ich will es auch in seiner Breite gelebt haben.
>
> —Diane Ackerman

So wie der ruhige und folgsame Schüler in der Klasse oft übersehen wird, ist mein kleines Mädchen leise und unabsichtlich von meinem Mama-Radar verschwunden. Ich gab ihr und mir deswegen mit mehr als nur einem bisschen Schuldgefühl und Demut ein stilles Versprechen – ich werde mein Bestes tun, mehr in diese geliebten Augen zu schauen, regelmäßiger und mit mehr Achtsamkeit.

Manchmal muss ich mich immer noch zwingen, mitten im Erledigen von Dingen auf der Liste zu ihr zu gehen und die Verbindung zu suchen. Anstatt ihr meine halbe Aufmerksamkeit zu geben, während ich die Küche sauber mache, muss ich mich daran erinnern, mich hinzusetzen, in diese schönen Augen zu schauen, und mir alle wunderbaren und einsichtsvollen Dinge anzuhören, die dahinter vor sich gehen.

Es ist genauso einfach vom Kurs abzukommen, wie einen einfachen, bewussten, achtsamen Wechsel zu machen, um die Richtung zu korrigieren. Für mich hat es so einen erstaunlichen Unterschied gemacht, meine Tochter zurück an ihren Platz ganz oben auf meiner Liste zu holen, dass sie nun wieder gut innerhalb der Grenzen meines Mama-Radars fliegen kann. Ich habe Angst vor dem, was ich verpasst hätte. Ich bin dankbar für die Möglichkeit, immer wieder den Fokus meiner Aufmerksamkeit verschieben zu können.

Die Achtsamkeitsübung „Schau in ihre Augen": Jeder Moment bietet die Möglichkeit, den Fokus unserer Aufmerksamkeit zu verschieben. Mein Wunsch für uns alle ist dieser: Hör auf mit dem, was du tust. Schau deinem Kind in die Augen. Nimm einen Atemzug. Sauge alles ein. Das kann immer schwieriger werden, je älter unsere Kinder werden und wortwörtlich nicht mehr die ganze Zeit in unserer direkten Blickrichtung sind. Mach dir selbst das stille, liebevolle Versprechen, das zu genießen, was wirklich zählt. Achte darauf, wie eine kleine achtsame Übung das Potenzial hat, einen gewöhnlichen Moment in einen außergewöhnlichen zu verwandeln.

Der hauseigene Zen-Meister

Als Eltern belehren wir unsere Kinder permanent und geben ihnen Anweisungen, aber oft achten wir nicht darauf, was wir von ihnen lernen können. In ihrem Buch *Mit Kindern wachsen: Die Praxis der Achtsamkeit in der Familie* begreifen Myla und Jon Kabat-Zinn unsere Kinder als kleine hauseigene Zen-Meister. Wenn wir nur genügend entschleunigen und uns öffnen, sehen wir, dass unsere Kinder voller weiser Beobachtungsgabe sind und geradezu geduldig auf unsere Empfänglichkeit für ihr Wissen zu warten scheinen. Sie leben Achtsamkeit.

Vom Neugeborenen, das uns keine andere Wahl lässt, als unser Tempo extrem zu drosseln, über das Kleinkind, das auf seinem Weg nach draußen innehält, um eine Wanze zu untersuchen, bis zum Teenager, der entscheidet, dass halb elf Uhr abends eine hervorragende Zeit ist, um eine ernste und wichtige Diskussion anzuzetteln – sie folgen ihrem eigenen Achtsamkeits-Zeitplan, nicht unserem. Können wir, sooft es eben möglich ist, innehalten und uns ebenfalls in ihrer Zeitzone einrichten? Natürlich ist das nicht immer realistisch, und wir sollten keine zu hohen Erwartungen an uns selbst haben. Keine Sorge – auf die eine oder andere Art erreicht uns ihre Botschaft oft klar und deutlich, wenn wir gerade gar nicht darauf achten.

Hier eine kleine Geschichte: Das überschwängliche Lachen meines Kleinen sollte von einer Warnung begleitet sein, etwa *Achtung! Kann ernsthafte Verletzungen verursachen, macht sehr schnell abhängig!* Neulich wachte ich mit Beschwerden auf, mein Hals und meine Schultern waren starr und verkrampft, ein stechender Schmerz begleitete jede Art von Bewegung. Wenig später war ich auch schon in der Praxis meiner Chiro-

> Wenn wir lernen, unsere Herzen zu öffnen, kann ein jeder, auch die Menschen, die uns verrückt machen, unser Lehrer sein.
> —*Pema Chödrön*

praktikerin. Sie fragte mich, was bei mir in letzter Zeit so vorgefallen sei, das den Schmerz verursacht haben könnte. Zögerlich teilte ich ihr mit, dass ich es kürzlich beim Tanzen mit meinem Kleinkind möglicherweise etwas zu bunt mit dem *Headbanging* getrieben habe. Kein Vorwurf, wie meine Teenagertochter sagen würde.

Du musst wissen, dass mein Mann ein talentierter Songwriter ist und ein paar sehr eingängige und tanzbare Lieder aufgenommen hat. Unser Sohn, sein größter Fan, kann nicht genug von Papas Musik kriegen. Als ich anfing, mitzusingen und mein Haar im Kreis herumzuschleudern wie eine schlechte Hintergrundtänzerin aus den Achtzigern, fand mein Junge das wahnsinnig komisch. Er warf seinen Lockenkopf in den Nacken und lachte aus vollem Hals. Das spornte mich sofort an.

Also machte ich unbedachterweise weiter damit, ungeachtet der flüchtigen Stimme der Vernunft, die mich warnte, dass ich diese (körperlich und musikalisch) nicht mehr zeitgemäßen Bewegungen noch bereuen könnte. Wie viel Spaß wir hatten! Er war überaus freigiebig mit seinem Lachen. Ich machte wie ein Süchtiger auf der verzweifelten Suche nach dem nächsten Schuss weiter, in der Hoffnung auf eine erneute Lachsalve.

Während ich mit dem Gesicht nach unten auf der Liege meiner Chiropraktikerin lag, spähte ich vorsichtig zu meinem vierjährigen, hauseigenen Zen-Meister hinüber, der dasaß und zuhörte, mit einem leichten Grinsen im Gesicht, das zu sagen schien: „Was soll ich sagen? Sie hat es übertrieben. Kann man es ihr verdenken? Schau dir nur diese bezaubernden Grübchen und diese Lachfalten an." Ja, er weiß genau um die Macht, die er über mich hat. Für ihn bin ich ein totaler Trottel. Das wärst du auch, wenn du ihn geboren hättest.

Achtsamkeit ermutigt uns dazu, in unserem hektischen Leben mehr Gleichgewicht zu finden, indem wir den Genuss durch Spielen, Freude und Lachen steigern. Gleichgewicht ist dabei der Schlüssel. Und so wurde ich auf schmerzliche Weise daran erinnert, dass es tatsächlich auch zu viel des Guten geben kann. Genau wie mit Eiscreme, Arbeit, Wein oder Tanzen – wenn du das Gleichgewicht nicht hältst, kannst du sicher sein, dass es dir letztendlich auf die Füße fällt. Frag nur mal meinen Kleinen. Kinder sind von Natur aus achtsamer und nehmen die Signale ihres Körpers im Allgemeinen ernster. Wir Erwachsene sind eher so konditioniert, dass wir unsere Körpersignale ignorieren und somit leichter verletzbar sind (das, und natürlich der Umstand, dass meine mehr als vierzig Jahre alten Gelenke nicht mehr so gut geölt sind, wie sie es einmal waren).

Wenn wir uns regelmäßig in Achtsamkeit üben, entwickeln wir einen besseren Sinn für Ausgewogenheit und Mäßigung. Wenn wir hingegen achtlos sind oder, wie in meinem Fall, das, was besser für uns wäre, bewusst ignorieren, kommen wir natürlich vom Kurs ab. Das Schöne an Achtsamkeit ist, dass sich jederzeit die Möglichkeit bietet, von Neuem damit anzufangen. Ich kann dir versichern, dass ich ab sofort mit ein wenig mehr Achtsamkeit tanzen und herumtoben werde.

Oh, aber dieses überschwängliche Lachen ... Ich vernarrte Mama bin schon wieder auf der Suche nach neuen Wegen, an meinen nächsten Schuss zu kommen. Mein Kleiner hat recht. Kann man es mir verdenken? Niemand hat gesagt, dass Achtsamkeit Perfektion bedeutet. In diesem Fall werde ich das auch gar nicht erst versuchen. Warum sich dagegen sträuben?

Die Achtsamkeitsübung „Hauseigener Zen-Meister": Wenn dein Kind nach Aufmerksamkeit heischt, halte inne, atme tief durch und frage dich: „Was kann ich in diesem Moment von meinem kleinen Zen-Meister lernen?" (Mir ist bewusst, dass man den kleinen – oder großen – Zen-Meister zuweilen eher als Nervensäge, denn als weisen Führer wahrnimmt. Aber vielleicht lohnt es sich gerade in solchen Momenten, genau achtzugeben.) Kannst du dich auf die Lehren einlassen, die daraus entstehen mögen? Selbstverständlich bedeutet das nicht, dass man die Erziehung den Kindern selbst überlässt. Das wäre der reine Horror. Die Frage ist vielmehr, ob man Mutterschaft als eine gemeinsame Reise begreifen kann, auf der man bereit ist, zu erkennen, wenn man vom Kurs abkommt, oder sich eigene Schwächen einzugestehen.

Sicherlich erfordert das eine gehörige Portion Mut und Nachsichtigkeit mit sich selbst, ebenso wie die Fähigkeit, seine Fehler zuzugeben und sich dafür zu entschuldigen. Andererseits kann es auch Türen für schöne gemeinsame Augenblicke öffnen, nämlich, indem wir ge-

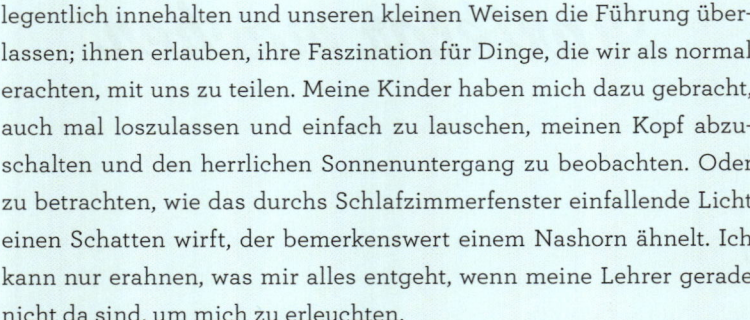

legentlich innehalten und unseren kleinen Weisen die Führung überlassen; ihnen erlauben, ihre Faszination für Dinge, die wir als normal erachten, mit uns zu teilen. Meine Kinder haben mich dazu gebracht, auch mal loszulassen und einfach zu lauschen, meinen Kopf abzuschalten und den herrlichen Sonnenuntergang zu beobachten. Oder zu betrachten, wie das durchs Schlafzimmerfenster einfallende Licht einen Schatten wirft, der bemerkenswert einem Nashorn ähnelt. Ich kann nur erahnen, was mir alles entgeht, wenn meine Lehrer gerade nicht da sind, um mich zu erleuchten.

Mögen wir für ihre Lehren empfänglich sein. Mögen wir ihnen erlauben, das Beste in uns hervorzuholen. Mögen wir, so wie es unsere Kinder ganz natürlich tun, stärker im gegenwärtigen Augenblick leben.

Startklar machen

Wir alle wünschen uns, dass aus unseren Kindern glückliche, erfolgreiche und ausgeglichene Erwachsene werden. Jedoch scheint uns als Gesellschaft eine gesunde Definition dessen abhanden gekommen zu sein, was es bedeutet, erfolgreich zu sein. Der Druck auf Kinder, überall erfolgreich zu sein – vom Sport über die Bildung bis zur Kunst –, ist höher denn je. Erfolg bedeutet heute, so viele Aktivitäten wie möglich unter einen Hut zu bringen (da sich das bei Bewerbungen gut macht) und zugleich den Einser-Schulabschluss und die Spezialisierung in einer Sportart oder Kunstdisziplin zu bewerkstelligen – und das alles vor Erreichen der Volljährigkeit. Es treibt mir die Schweißperlen auf die Stirn, nur daran zu denken.

Kein Wunder also, dass man Geschichten von Eltern hört, die alles für ihre Teenager erledigen – Wissenschaftsprojekte, Wäsche, Lunchpakete, sogar Bewerbungsschreiben für die Uni –, denn die perfektionistischen Erwartungen an unsere Kinder (seitens der Gesellschaft, ihrer selbst oder der Eltern) sind unmöglich zu erfüllen. Auch wenn es aus Liebe geschieht, tun wir unseren Kindern keinen Gefallen,

> *Wenn du es richtig machst, bleiben Kinder nicht bei dir. Je besser du deinen Job gemacht hast, desto wahrscheinlicher ist es, dass du langfristig nicht mehr gebraucht wirst.*
> —Barbara Kingsolver

wenn wir Dinge für sie tun, die sie selbst erledigen könnten, sogar dann, wenn sie es nicht perfekt oder gar nicht machen. Wenn wir ehrlich zu uns sind, erkennen wir vielleicht, dass unser Aktionismus aus einer ängstlichen inneren Haltung heraus entsteht. *Was, wenn mein Kind nicht fähig ist? Was, wenn er versagt? Was, wenn sie abgehängt wird? Dieses eine Mal erledige ich das für sie.*

Es kann leicht passieren, dass wir unbeabsichtigt da hineingeraten – es schmerzt, unsere Kinder hinfallen zu sehen –, und das wird dann zu einem gefährlichen Balanceakt für Mamas. Zum einen spüren unsere Kinder unsere Ängstlichkeit, machen sie sich möglicherweise zu eigen und zweifeln letztlich ihre eigenen Fähigkeiten an. Zum anderen wecken wir, wenn wir nur „dieses eine Mal" einspringen, wahrscheinlich die Erwartung, dass sich das wiederholt. Es suggeriert auch, dass wir ihre Kompetenz infrage stellen. Und schließlich bereiten wir sie damit nicht auf das echte Leben vor – zu kämpfen, zu scheitern, unabhängig und widerstandsfähig zu sein –, denn Kämpfen erzeugt Widerstandsfähigkeit, eine der wichtigsten Eigenschaften, die wir unseren Kindern vermitteln können. Das Gegenteil von Widerstandsfähigkeit ist der Glaube, dass man unfähig ist, eine Situation zu meistern, sprich Hilflosigkeit, was oft auch mit Ängstlichkeit einhergeht.

Es ist eine Gabe, unseren Kindern vermitteln zu können, an sich selbst und ihre Fähigkeiten zu glauben und die Herausforderungen des Lebens anzunehmen. Wenn wir verlangen, dass sie sich einer Herausforderung stellen, werden sie sich sehr wahrscheinlich dagegen sträuben, insbesondere wenn wir in der Vergangenheit allzu schnell für sie eingesprungen sind.

Veränderung ist für jeden unbequem. Mach dich auf einen Rückschlag gefasst und bleibe wacker und standhaft. Sei konsequent und vertraue darauf, dass sie fähiger sind, als wir denken. Gib deinen Kindern reichlich Gelegenheit, Fehltritte zu machen, solange sie noch unter deinen Fittichen sind. Oft bedeutet das, loszulassen und ihnen nicht im Weg zu stehen. Das, liebe Freunde, macht einen Großteil dessen aus, was es braucht, um einen erfolgreichen Erwachsenen zu formen. Eine der hilfreichsten Leitfragen für uns Mamas lautet: „Mache ich sie startklar?"

Diese Art des Lernens beinhaltet natürlich Versuch und Irrtum, Erfolg und Misserfolg. Ohne all das wird es kaum Fortschritt geben. Somit ist es essenziell, in uns zu gehen und zu erkennen, wann das Bedürfnis nach Hilfe von Mama unser eigenes oder das ihre ist; wann es daher rührt, dass mögliche Unannehmlichkeiten umgangen werden sollen, und wann es eine liebevolle Hilfestellung ist. Natürlich wird es bisweilen Anlässe geben, zu denen wir etwas für unser Kind tun, wozu es ohne weiteres selbst in der Lage wäre. Beispielsweise bin ich seit dem Kindergarten jeden Tag vor meiner Tochter aufgestanden und habe ihr Tee gekocht und einen Toast gemacht, bevor ich sie aufweckte. Ich habe aber auch Freunde, die ihre Kinder nur mit einem kurzen Gruß wecken, wenn sie aus dem Haus gehen. Mich trieb also die Frage um, ob ich meine Tochter verhätschelte, ob ich sie so tatsächlich startklar machte. Um das so ehrlich wie möglich zu beantworten, hinterfragte ich diese alte Gewohnheit mittels des „Achtsamkeitsübungs-Lackmustests", der aus zwei Teilen besteht.

Der erste Teil besteht darin, seine eigene Motivation zu befragen. Ich bin Frühaufsteherin, habe Meditation und Koffeinzufuhr bereits hinter mir, ehe sie wach wird. Ihr das Frühstück zu bereiten, ist etwas, zu dem ich mich aus Liebe entscheide. *Entscheiden* ist hier das Schlüsselwort. Ich tue es aus freiem Willen, weder widerwillig und mürrisch, noch aus einer Haltung von Märtyrertum oder Ängstlichkeit heraus.

Der zweite Teil besteht darin, abzuwägen, ob es etwas ist, das sie unabhängig selber schaffen kann. Natürlich lautet die Antwort „ja", sie ist alt genug, sich selbst zu wecken und einen Toast mit Frischkäse zu bestreichen. Tatsächlich macht sie sich an den Wochenenden oft selber Frühstück und Mittagessen, also kann ich mir sicher sein, dass sie diese Fähigkeit beherrscht. Somit ist der Startklar-machen-Lackmustest in beiderlei Hinsicht bestanden, und meine Teenagerprinzessin wird weiterhin vor der Schule ihren Tee und ihren Toast serviert bekommen.

Es gibt Anlässe, zu denen ich mich dabei ertappe, wie ich sie retten will, wenn ich sehe, dass sie zu kämpfen hat, aber ich schaffe es, mich im Zaum zu halten. Wenn sie sich beispielsweise ihre Zeit nicht gut eingeteilt hat und unter Druck steht, Schularbeiten und häusliche Verpflichtungen vor der Schlafenszeit fertig zu kriegen, muss ich mich zügeln, dass ich ihr nicht zur Hand gehe. Oft muss ich dann erst ein paar Mal durchatmen, weggehen und eruieren: *Mache ich sie startklar?* Wenn ich zu dem Schluss komme, dass es langfristig gesehen nicht die beste Entscheidung wäre, ihr unter die Arme zu greifen, wende ich mich irgendeiner anderen Aufgabe zu (das Mama-Pendant zum tatenlosen Zusehen und Mundhalten). Ich weiß, dass sie aus diesem Kampf, diesem mangelhaften Zeitmanagement, lernen muss – so schwer es mir auch fällt, zuzusehen. Das ist schon nicht einfach, wenn es nicht um viel geht, aber umso schwerer, wenn es um viel geht. Diese Achtsamkeitsübung einzuhalten und sein Kind dabei zu beobachten, wie es sich abmüht, lässt letztendlich das Selbstvertrauen bei beiden wachsen. Was könnte es Nützlicheres geben?

Die Achtsamkeitsübung „Startklar machen": Atme ein paar Mal tief durch, um dich zu sammeln, entspanne deinen Körper und fokussiere deine Gedanken. Die übergeordnete Frage „Mache ich sie startklar?" dient uns als Richtlinie. Wende dann den zweiteiligen Lackmustest auf die Situation an.

Fühle zuerst in dich hinein. Fühlst du dich ängstlich? Verunsichert? Wenn ja, wie nimmst du das körperlich wahr? Schmetterlinge im Bauch? Druck auf der Brust? Könnte dein Drang, zu beschützen, von deinen eigenen Ängsten, Bedürfnissen oder Zweifeln herrühren? Wenn die Antwort „ja" lautet, spende dir selbst ein bisschen Mitgefühl für deinen harten Job als Mutter, der so viel Mut und blindes Vertrauen erfordert. Wir müssen lernen, unsere eigenen Ängste, was die Fähigkeiten und Kämpfe unserer Kinder betrifft, zu erkennen und zu akzeptieren, damit sie sich frei entwickeln können.

Schätze dann im zweiten Schritt ihre Fähigkeiten ab. Die Entscheidung, ob unsere Kinder bestimmten Herausforderungen gewachsen sind, ist selten einfach und klar, also müssen wir öfters mal etwas in die Waagschale werfen. Ich glaube, Zutrauen auf Kosten eines Irrtums ist die bessere Wahl; wir Menschen neigen dazu, uns auf eine Herausforderung einzulassen, wenn wir merken, dass jemand an uns glaubt. Wenn die Antwort also „ja" lautet, oder auch nur „vielleicht", möchte ich dich ermutigen, es zuzulassen. Gib den Weg frei. Behalte im Kopf, dass du sie auffangen kannst, wenn sie hinfällt. Stelle dir aber zuerst vor, wie du sie abheben siehst. Schönen Start!

KAPITEL IV

Im Tagesverlauf zu sich selbst finden

Ich bin mit zwei gesunden Kindern gesegnet, einer vierzehnjährigen Tochter und einem Sohn, der vier ist, während ich das schreibe. Ja, sie sind zehn Jahre auseinander und ja, es war schon ein kleiner Kulturschock, nach etlichen Jahren wieder in die Welt der Windeln und des Schlafentzugs einzutauchen. Ich habe mit täglichen Meditationsübungen begonnen, als meine Tochter drei war. Meditation wurde bald genauso zur Gewohnheit wie die Morgendusche. Sie verlieh meinem Leben ein allgemeines Gefühl von Ruhe und Behaglichkeit, obwohl es nicht immer in ruhigen Fahrwassern verlief.

Mein Kleiner machte im Mutterleib eine etwas turbulente Zeit durch. Ein paar Wochen vor meinem einundvierzigsten Geburtstag machte ich die freudige Entdeckung, dass ich schwanger war. Obwohl ich bereits im fortgeschrittenen Mutterschaftsalter war (was ich liebevoll als geriatrische Schwangerschaft bezeichnete), fühlte ich mich gesund und war bereit, dieses neue Familienkapitel aufzuschlagen. Im zweiten Schwangerschaftsmonat kam bei einer routinemäßigen Biopsie heraus, dass es sich bei einer Hautveränderung an meiner Wange um ein Basalzellkarzinom handelte, jene leichter zu behandelnde Form von Hautkrebs. Ich war ängstlich und besorgt, als ich hörte, dass es chirurgisch entfernt werden müsse. Am meisten beunruhigte mich, wie sich das auf mein Baby auswirken könnte. Wenn in der Woche vor dem Eingriff die Sorgen überhand nahmen, kontrollierte ich meine Atmung mithilfe meiner Achtsamkeitsübungen. Nach der Erleichterung darüber, beim Aufwachen aus der Narkose die kräftigen Herzschläge meines Babys über den Herzschreiber zu hören, half mir meine Achtsamkeitspraxis dabei, über den Schock hinwegzukommen, zwei Dutzend große, übel aussehende schwarze Stiche rund um den Schnitt auf meiner linken Wange zu erblicken. Ich weinte. Ich fühlte die Traurigkeit in meinem Körper, den Kloß im Hals und die Übelkeit in der Magengrube, gemischt mit der Erleichterung darüber, dass es dem Baby gut ging. Achtsamkeit half mir dabei, die Gefühle anzuerkennen, ihnen Tribut zu zollen und weiterzumachen. Ich akzeptierte das, was nicht ungeschehen zu machen war.

Zwei Monate später: Nachdem ich eines Nachmittags unseren Garten für die Herbstpflanzen vorbereitet hatte, rebellierte plötzlich mein schwangerer Körper, was daran liegen musste, dass ich einige geringfügig giftige Unkräuter gerupft hatte. Infolge dessen war ich vier Tage im Krankenhaus, wo ich fürchterliche, tranceartige Reaktionen durchlebte, weil die intravenöse Medikation zu hoch eingestellt war. Die Fähigkeit, mich durch meine Atmung zu beruhigen und zu merken, wenn das „was wäre, wenn … ?" in meine Gedanken eindrang, half mir, das Unbehagen zu lindern. Es befreite mich zwar nicht von meiner Last, aber es bot mir einen zwischenzeitlichen Zufluchtsort für die Gedanken.

Die Gartenarbeit unverrichtet, wurde der Sommer zum Herbst und der Herbst zum Winter, und dann kam unser lang erwartetes Baby an. Glücklicherweise hatten meine Gesundheitsprobleme während der Schwangerschaft keine ungünstigen Effekte auf meinen Kleinen gehabt. Hier war er also, dieser wunderschöne kleine Junge, so sehnlich erwartet, so heißgeliebt – und sowas von unwillig, länger als zwanzig Minuten am Stück zu schlafen. Gepaart mit Stillproblemen aufgrund einer Brustentzündung, den schrecklichen Sorgen, die wir hatten, da meine Schwiegermutter Krebs im Endstadium hatte, und einer zehnjährigen Tochter, die sich nach Aufmerksamkeit von Mama sehnte, wurde die postnatale Depression bald eine unvermeidliche Realität. Ich erinnere mich lebhaft daran, wie ich schluchzend im Bett lag und mir wünschte, einfach verschwinden zu können.

Ich dachte an mein Baby, meinen Mann, meine Eltern und an die furchtbare Vorstellung, dass meine Tochter ohne ihre Mama aufwächst. Näher an Suizidgedanken war ich nie. Aber ich hatte nicht vor, mein Leben zu beenden. Dazu war ich zu erschöpft. Ich wollte einfach nur dringend verschwinden. Es war intensiv und beängstigend.

Achtsamkeit konnte weder diese starken Gefühle fernhalten, noch emotionale Erschöpfung und Schmerz verschwinden lassen. Jedoch war ich, voll im Überlebensmodus, immerhin in der Lage, mich auf etwas zu besinnen, das mir durch meine täglichen Übungen vertraut war: Zu gegebener Zeit wird alles anders, auch das hier wird sich ändern – mit Sicherheit. Es würde alles okay werden, wenn ich einfach nur von Augenblick zu Augenblick dachte. Und genau das tat ich, bis ich fähig war, von Stunde zu Stunde zu denken, von Tag zu Tag. Ich erlaubte der Verzweiflung, langsam zu verebben, bis ich mich allmählich wieder wie ich selbst fühlte.

Jon Kabat-Zinn, Begründer des weltbekannten Achtsamkeits-basierten Stressreduktions-Programms, bezeichnet das als „die absolute Katastrophe durchleben". Wir können innere Ressourcen entwickeln, um allem, was das Leben uns beschert, standzuhalten und es zu akzeptieren. Das ist ein mächtiges Gegenmittel zur Angst, dem Gefühl, alles unter Kontrolle haben zu müssen. Regelmäßige Achtsamkeitsübungen können uns helfen, indem sie eine Heimatbasis bieten, einen vertrauten Ort von Ruhe, Stille und Frieden inmitten eines Sturms.

In diesem Kapitel werden Achtsamkeitsübungen vorgeschlagen, die dich dazu ermutigen sollen, deine Tage systematisch mit mehr Selbstfürsorge, Frieden und Spaß zu gestalten. Du wirst lernen, wie du den Herausforderungen des Lebens begegnen kannst, dich selbst anspornen und mehr achtsames Gewahrsein – vielleicht sogar etwas Erleuchtung – in den Alltag bringen kannst. Wenn du also eine Rettungsleine, eine bitter nötige warme Umarmung oder auch nur ein Schulterklopfen für Mama brauchst, bist du hier richtig.

Wonder Woman

Da meine Tochter gerade auf die Pubertät zusteuert, fühle ich mich nochmal in die heimtückische soziale Sphäre von Teenagermädchen zurückversetzt. Meine fröhliche, lustige und einfühlsame Vierzehnjährige hat feste Überzeugungen und scheut sich nicht, dafür einzustehen. Ich kann dir versichern, dass sie das nicht von mir geerbt hat. Tatsächlich habe ich meine Stimme eigentlich erst im Lauf der letzten etwa zehn Jahre gefunden. Obwohl ich bis dahin auch kein reiner Fußabtreter gewesen war, kam es eher selten vor, dass ich energisch auftrat, und es war auch immer von einem gewissen Unbehagen begleitet. Als Heranwachsende dachte ich, es könne kaum etwas Schlimmeres geben, als herrisch oder gar unterdrückerisch genannt zu werden. Ich spielte die Nette. So wollte ich wahrgenommen werden und so verhielt ich mich, bisweilen zu meinem eigenen Nachteil. Da ich es von Haus aus immer allen recht machen will, ist Durchsetzungsvermögen für mich eine hart erkämpfte Fähigkeit und bisweilen immer noch eine Herausforderung.

Indem ich mich bemühe, als Mutter an der Seitenlinie zu sein und nicht im Helikopter, schwanke ich zwischen Ehrfurcht vor der Stärke meiner Tochter und der Sorge, dass sie es zu weit treiben könnte. Ich versuche, ein Gleichgewicht dazwischen zu finden, sie in ihrer Chuzpe zu bestärken und ihr zu raten, ruhig zu sein und auch mal nachzugeben. Ich wage zu hoffen, dass meine Tochter, wenn sie sich künftig mit Gruppenzwang konfrontiert sieht, ein gesundes Maß an Selbstbewusstsein haben wird, um nein sagen und sich treu bleiben zu können. Ja, ich möchte, dass sie freundlich zu anderen ist. Freundlichkeit ist für mich eine der höchsten Tugenden. Allerdings wird von Mädchen erwartet, dass sie *nett* sind (sprich *passiv* und *ruhig*), was etwas anderes als freundlich ist. Dabei wird oft die Zuneigung zu sich selbst vergessen, auf die eigenen Bedürfnisse einzugehen. Das betrifft insbesondere Frauen in einer Gesellschaft, die nach wie vor Nettsein auf Kosten von Führungskraft und Durchsetzungsvermögen favorisiert. Stell dir nur mal vor, wir Frauen würden uns alle nicht mehr ums *Nettsein* scheren

> Das Leben schrumpft oder weitet sich aus – je nach eigener Courage.
> —*Anaïs Nin*

und anfangen, den Weg für das zu ebnen, was ich als unsere innere Wonder Woman bezeichnen möchte. Wonder Woman bedeutet für mich Durchsetzungsvermögen, Macht (nur für gute Zwecke – sie tritt dir nur dann in den A... , wenn du es verdienst) und Selbstbewusstsein (ich meine, du brauchst schon ein starkes Selbstbewusstsein, um dich öffentlich in so einer Aufmachung zu zeigen).

Amy Cuddy, promovierte Sozialpsychologin und außerordentliche Professorin an der Harvard-Universität, schrieb kürzlich ein Buch mit dem Titel *Presence,* in dem sie eine faszinierende Studie vorstellt, die sie über das Thema Körpersprache gemacht hat. Die Teilnehmer dieser Studie wurden angewiesen, sich für zwei Minuten aufrecht hinzustellen, die Füße auseinander, die Hände in den Hüften und der Kopf gestreckt. (Stell dir Wonder Woman vor, wenn sie sich vor einem Feind aufbaut). Den Teilnehmern wurden vor und nach diesen zwei Minuten Positur Speichelproben entnommen.

Verblüffenderweise senkte sich der Cortisolspiegel (das Stresshormon) der Teilnehmer, während ihr Testosteronspiegel (zuständig für Selbstbewusstsein und Durchsetzungsfähigkeit) anstieg. Dieser Befund verweist darauf, dass unsere Körpersprache nicht nur anderen eine Botschaft sendet, wie wir uns selbst wahrnehmen, sie verändert auch unseren Hormonhaushalt.

Seit Dr. Cuddy diese potenziell lebensverändernde Information vor wenigen Jahren in einem *TED Talk* publik machte, bekam sie von hunderten Leuten, die sie sich zunutze machten, Rückmeldungen in Form unzähliger Anekdoten, wie es ihr Leben zum Besseren verändert hat. Diese zwei Minuten transformieren dich vielleicht nicht augenblicklich zu Wonder Woman, aber sie lösen kleine Veränderungen in deinem Hormonhaushalt aus.

> **Mach dich nicht kleiner, um anderen zu gefallen.**
> —*Bria Simpson*

Besser als „so zu tun, als ob", ermutigt Cuddy uns dazu, „so zu tun, bis es tatsächlich so *wird*". Durchsetzungsfähig, mächtig und selbstbewusst wie Wonder Woman – nur glücklicherweise ohne diese gnadenlose Montur.

Die „Wonder Woman"-Achtsamkeitsübung: Stell dich täglich zwei Minuten in der Wonder Woman-Pose hin. Das kannst du vor oder nach dem Zähneputzen tun, während du beim Fußballspiel deines Kindes an der Seitenlinie stehst, oder als Hilfestellung, um dein Bewusstseinsdreieck (körperliche Empfindungen, Gedanken und Gefühle) zu aktivieren. Richte deine Aufmerksamkeit den ganzen Tag über immer wieder auf deine Körperhaltung. Kauerst du und machst dich selbst kleiner? Kannst du dezent etwas mehr Platz einnehmen? Kannst du aufrecht sitzen und stehen und dabei Selbstbewusstsein ausstrahlen? Denke immer daran, dass wir nicht ununterbrochen selbstbewusst sein können, aber wir können so tun (oder agieren, oder handeln), bis wir es schließlich werden. Unsere Haltung ist wichtig. Körpersprache ist eine mächtige Kommunikationsform. Nur zu, bahne deiner inneren Wonder Woman den Weg ins Zentrum deines Tagesverlaufs. Wer weiß, was für Eroberungen dir mit deiner wohltätigen Macht gelingen.

Autofahren

Vor ein paar Jahren war ich unterwegs zu einem Treffen von Achtsamkeitslehrern. Wir trafen uns jeden Monat bei jemandem zu Hause, um zu meditieren, die relevante Forschung zu diskutieren und neue Lehrmethoden zu erschließen. An diesem Morgen hatte ich das Vergnügen, auf der mehrstündigen Fahrt am Steuer unserer Fahrgemeinschaft zu sitzen, die aus mir und zwei befreundeten Lehrerkollegen bestand. Voll auf die anderen konzentriert, schaltete ich unbemerkt in den Autopiloten, während wir die Autobahn entlangfuhren. Einige Kilometer später wurden wir plötzlich aus unserem intensiven Gespräch gerissen, als wir bemerkten, dass wir gerade unsere Ausfahrt verpasst hatten. Stell dir nur den Verdruss vor, als wir verspätet bei unserer Achtsamkeitsgruppe ankamen und schmunzelnd eingestehen mussten, wie *unachtsam* wir auf dem Weg zu unserem monatlichen Achtsamkeitstreffen gewesen waren.

Selbst wenn das Handy außer Reichweite ist und es auch sonst keine Ablenkung gibt, schalten wir alle bisweilen in den Autopilot, insbesondere, wenn wir eine vertraute Strecke abfahren. Ganz wie bei einem Krabbelkind werden unsere Sinne oft gelangweilt und suchen neue, andere Dinge zur Beschäftigung. Es gibt viele und offensichtliche Gründe dafür, warum wir während einer Fahrt achtsamer sein sollten – es ist sicherer, entspannter und es ist eine Gelegenheit mehr, die Muskeln der mütterlichen Achtsamkeit zu trainieren.

Die Autofahr-Achtsamkeitsübung: Achte alle paar Minuten oder Kilometer auf deinen Körper, während du fährst. Auch rote Ampeln oder stockender Verkehr sind perfekte Gelegenheiten, auf achtsames Fahren bedacht zu sein. Nimmst du eine aufrechte, entspannte Haltung ein? Kannst du deine Schultern locker lassen? Sind deine Hände fest am Steuer? Driftet deine Aufmerksamkeit von der Straße ab? Falls ja, lenke sie wieder auf den gegenwärtigen Augenblick. Wie fühlt sich dein Tempo an? Bist du in Eile und angespannt oder entspannt und gelassen? Bist du spät dran? Falls ja, atme tief durch, wähle eine erweiterte Perspektive und schätze ab, ob Zuspätkommen tatsächlich so schwerwiegend ist, wie es sich anfühlen mag. Dem ist selten so. Du bist auf dem Weg, warum solltest du ihn also nicht genießen?

Zeit für ein Nickerchen

Wir alle kennen den Ratschlag für Mamas: Schlafe, wenn dein Baby schläft. Das wird in bester Absicht gesagt, aber ich erkenne einen grundsätzlichen Fehler in diesem Glaubenssatz. Wessen Neugeborenes schläft schon länger als dreißig Minuten am Stück? Wenn das bei dir so war, gehörst du einer seltenen und glücklichen Art an. Ich erinnere mich, dass es sich für mich wie ein Startschuss (*Los! Schnell!*) anfühlte, wenn mein Kleiner eindöste, und ich ins Bad rannte, etwas Essbares hinunterschlang und meine müden Glieder ausstreckte, während ich die Uhr ticken hörte. Es dauerte gerade mal eine Minute, bis ich in ein seliges Schlummerland abtauchte – und nochmal fünf Minuten, bis mein Baby prächtig erholt und voller Tatendrang wieder aufwachte. Es fühlte sich wie ein fieser Scherz an. Ich fühlte mich vom Schlafentzug gepeinigt und war voller Ehrfurcht für andere Mamas, die das nicht so stark mitzunehmen schien.

Verzweifelt klammerte ich mich an die Vorstellung, dass eine Zeit kommen würde, in der er mal ein *richtiges* Nickerchen machen würde (obwohl ich wusste, dass ich, wenn es soweit wäre, besorgt nach dem seltsam ruhigen Kind sehen würde – *ist alles okay?*), und bis es soweit wäre, müsste ich eben, wann und wie auch immer möglich, ein bisschen Schlaf abgreifen. Shonda Rhimes, die Schöpferin von *Grey's Anatomy*, schrieb kürzlich ein launiges und inspirierendes Buch mit dem Titel *Year of Yes*. Als ich darin ein Kapitel über Mutterschaft las, stellte ich fest, dass Frau Rhimes und ich nicht nur einen ausgefallenen Vornamen teilen, sondern auch eine quälende Gemeinsamkeit in Sachen Schlafentzug. Sie rekapituliert, wie sie acht Wochen nach der Geburt ihrer Tochter „vor Erschöpfung so bitterlich weinte, dass sie sich sicher war, die Luft in blauen Wellen im Raum umherziehen SEHEN zu können". Ich dachte: „Jawohl, sie versteht mich!" Das zu lesen, gab mir auf irgendwie perverse Art Bestätigung: Es betrifft nicht nur mich. Weiter schreibt sie: „Zwölf Jahre später lässt mich die Erinnerung an diese schlaflosen Nächte immer noch schwanken und taumeln.

Willst du jemanden foltern? Gib ihnen ein entzückendes Baby, nach dem sie verrückt sind und das nicht schläft."

Ich erzähle dir das nicht, um dich wie Shonda wieder schwanken und taumeln zu lassen oder um dich auf ewig in die trostlosen Gefilde der Kinderlosigkeit zu treiben. Absolut nicht. Ich erzähle es dir, weil wir nicht annähernd genug darüber sprechen, vor allem aufgrund des mit Scham behafteten Gefühls, dass wir es nicht im Griff haben. Wir denken, alle anderen hätten es im Griff, sodass etwas nicht mit uns stimmen müsse, wenn wir uns erschöpft und überfordert fühlen. Wie du hier aber siehst, betrifft es nicht nur dich. Schlaf ist eine unentbehrliche Voraussetzung für unser Wohlbefinden als Mamas.

Wenn du deinen Schlaf irgendwann wieder einigermaßen unter Kontrolle hast, kann es sein, dass es dich in die gesellschaftlich angesehene „Schlafen kann ich, wenn ich tot bin"-Fraktion verschlagen hat. Aber willkürlicher Schlafentzug – sich mit vier oder fünf Stunden Schlaf pro Nacht durchzuschlagen –, ist kein Ruhmesblatt. In welcher Phase der Mutterschaft und des Schlafentzugs du also auch immer gerade bist, ich ermutige dich dazu, mehr zu schlafen. Wir brauchen ausreichend Schlaf, sowohl für unsere physische als auch für unsere geistige Gesundheit. Die meisten von uns bekommen nicht genug, und die heutige Forschung verweist darauf, dass chronischer Schlafmangel ernsthaften Schaden verursacht. Schütze, wenn möglich, deinen Schlaf und versuche, gesunde sieben bis neun Stunden zu bekommen. Wir können Quantität und Qualität unseres Schlafs nicht immer kontrollieren, aber setze ihn, wann immer möglich, auf deiner Prioritätenliste weit nach oben.

Da meine Schlaf- und Aufstehzeiten nicht immer in meinen Händen liegen, bin ich eine Meisterin des *Power Napping* geworden, und glücklicherweise lässt mein Terminplan das ein paar Mal pro Woche zu. Ich finde kurze Nickerchen großartig, jeder sollte es mal probieren. Ich habe eine Wissenschaft daraus gemacht. Ich stelle den Telefonwecker genau auf 35 Minuten – fünf Minuten, um meinem Geist zu erlauben, herunterzufahren und in den Schlaf zu gleiten, und dreißig Minuten, um selig zu schlummern. Mittlerweile bin ich an dem Punkt, dass ich immer öfter kurz vor dem Alarm wach werde, ausgeruht und bereit, mein Tagwerk wieder aufzunehmen. Wenn ich mir erlaube, länger als diese magischen dreißig Minuten zu schlafen, fühle ich mich danach benommen und mürrisch (wie einige von den sieben Zwergen).

Glaub mir, weder meine Familie noch ich selbst wollen etwas mit mir zu tun haben, wenn ich in dieser Stimmung bin, egal, wie sehr ich sie auch zu überspielen versuche. Ich kann und muss mich auch manchmal durch die Müdigkeit kämpfen, mit reiner Willenskraft, mithilfe von Koffein, oder einfach, weil ich keine andere Wahl habe. Doch keine dieser Optionen kann auch nur annähernd meinem halbstündigen Power Nap das Wasser reichen, einer sehr viel achtsameren und sanfteren Art, meine Mama-Batterien wieder aufzuladen.

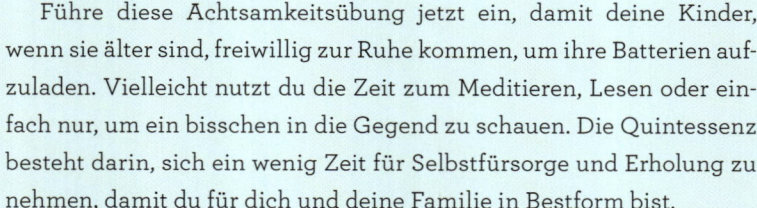

Die Achtsamkeitsübung „Zeit für ein Nickerchen": Wenn deine Kinder noch klein sind und eine feste Zeit für ihr Nickerchen haben, oder wenn sie schon alt genug sind, um sich ohne elterliche Aufsicht zu beschäftigen, gönne dir zur Selbstfürsorge ein bisschen Zeit zum Schlafen.

Wenn deine Kinder kein Nickerchen mehr machen, bei dir zu Hause sind und noch nicht alt genug, um sich selbst zu beschäftigen, ersetze die Schlafzeit durch Ruhezeit. Bringe ihnen bei, dass Mama ein bisschen Ruhe ohne Unterbrechung braucht. Vielleicht gibst du ihnen die Anweisung, dass sie in ihren Zimmern bleiben und leise spielen oder lesen sollen. Sie sind lernfähig, sei bestimmt und beharrlich. Diese Ruhezeit tut allen gut. Ob sie es merken oder nicht, wir alle brauchen etwas Zeit, um in Ruhe Druck abzulassen. In unserer geschäftigen, von Reizen überfluteten Gesellschaft ist das eine Fähigkeit, die wir lehren und pflegen müssen.

Führe diese Achtsamkeitsübung jetzt ein, damit deine Kinder, wenn sie älter sind, freiwillig zur Ruhe kommen, um ihre Batterien aufzuladen. Vielleicht nutzt du die Zeit zum Meditieren, Lesen oder einfach nur, um ein bisschen in die Gegend zu schauen. Die Quintessenz besteht darin, sich ein wenig Zeit für Selbstfürsorge und Erholung zu nehmen, damit du für dich und deine Familie in Bestform bist.

Ganz gleich, wie du diese Achtsamkeitsübung für dich gestaltest, halte an ihr fest. Wenn diese angenehme Tageszeit gekommen ist, überlege, was du gerade brauchst. Wie steht es um deine körperliche Energie? Bist du wach oder lässt die Energie nach? Wie geht es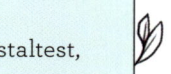

dir emotional – bist du ausgelaugt oder entspannt? Die Antwort mag offensichtlich oder auch etwas vertrackter sein. Entscheide dich im Zweifelsfall eher für Erholung.

Experimentiere mit der Länge des Nickerchens. Vielleicht gibt es, wie bei mir, eine ideale Zeitspanne, die dir die optimale Menge an Energie zuführt. Ist es zu kurz, wird es nicht ausreichen, ist es zu lang, fühlst du dich danach möglicherweise wie einer der grummeligen sieben Zwerge.

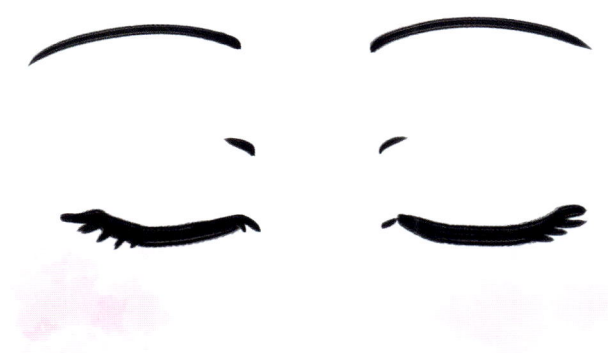

Warten – Teil 1

Als vielbeschäftigte Mamas haben wir oft das Gefühl, dass jeder Augenblick zählt. Schlangestehen im Supermarkt, beim Abholen von der Schule oder das Schneckentempo, in dem das Kleinkind sich vom Bad ins Kinderzimmer bewegt – all das kann sich quälend lang anfühlen. Unsere Ungeduld wächst, wenn wir überlegen, was wir in dieser Zeit alles erledigen könnten. Aber anstatt uns frustrieren zu lassen, können wir die Wartezeit als automatische Erinnerung daran begreifen, eine Achtsamkeitsübung einzulegen. Mit der Zeit werden wir diese Gelegenheiten, Bewusstsein und Präsenz weiter zu stärken, gerne zulassen und uns sogar darauf freuen.

Eine Sache, die Meditation uns lehrt, ist, dass wir den Sinn für Frieden bereits in uns tragen. Wir alle haben eine tiefe Sehnsucht danach, wenn auch oft verborgen, maskiert, entstellt.

—Dalai Lama

Die Achtsamkeitsübung „Warten – Teil I": Der Drang, während des Wartens zum Handy zu greifen, zu texten oder im Web zu surfen, kann wie eine starke Magnetkraft wirken. Achte darauf, wie du dich fühlst, bevor du dem nachgibst. Atme ein paar Mal tief durch. Wenn du es gewohnt bist, jede kleine Pause auszufüllen (etwa mit zwanghaftem Handychecken), kann das äußerst unangenehm sein. Mach es so, wie du es auch mit deinem Kind machen würdest: Bitte freundlich, aber bestimmt darum, bei der Sache zu bleiben. Lockere angespannte Muskeln. Entspanne deinen Bauch und deine Schultern und auch die kleinen Muskeln rund um deinen Mund und deine Augen. Atme bewusst ein und aus. Wann immer du den Drang verspürst, etwas zu tun, nimm es als Herausforderung, achtsam zu bleiben und dir deiner Gedanken und Gefühle bewusst zu sein. Je mehr du die Achtsamkeitsübung „Warten" praktizierst, desto stärker wirst du die Fähigkeit spüren, ruhig, fokussiert, geduldig und gelassen zu sein.

Hausarbeiten – Teil II

Das Haus sauber zu machen, ist schon immer eine meiner am wenigsten geliebten Pflichten gewesen. Ich habe die Hoffnung schon lange aufgegeben, eines Tages aufzuwachen und wie eine meiner zwei Freundinnen zu sein – eine liebt es tatsächlich, nur um des Putzens willen zu putzen, die andere putzt, um Stress abzubauen. Nee, ist bei mir nicht so. Und wie vielen anderen Mamas ist mir bewusst, dass meine Reinlichkeitsstandards sich verändert haben, seit ich Kinder habe, und zwar mehr als nur ein bisschen. Nicht, dass mein Haus als Gefahr für die Umwelt eingestuft werden müsste, aber ein paar dieser Kuschelhäschen stauben schon so lange ein, dass wir sie gar nicht mehr anders kennen.

Von Zeit zu Zeit kommt der Tag, an dem ich mich umsehe und merke, dass eine Grundreinigung fällig ist. Gestern war so ein Tag. Da ich auf die bevorstehende Putzaktion so gar keine Lust hatte, beschloss ich, es zu einer Übung in Achtsamkeit zu machen. Anstatt mich mit meinem Widerstand gegen diese ekligen Verrichtungen zu beschäftigen, nahm ich mir vor, mich darauf zu konzentrieren, wie sich Wischen, Schrubben und Staubsaugen haptisch anfühlen. Wann immer ich merkte, dass das vertraute Gefühl des Ekels aufkam, lenkte ich es freundlich, aber bestimmt zurück auf die sinnliche Wahrnehmung des gegenwärtigen Augenblicks.

Gerne würde ich berichten, dass mein kleines Experiment zu einem genussvollen Verschmelzen mit meinen Putzutensilien führte, aber so weit ging es nun auch wieder nicht. Mich in achtsamem Putzen zu üben, nahm jedoch den Aufgaben ihre unangenehme Note, und tatsächlich empfand ich ein wenig Genuss dabei. Ist etwas falsch daran, dass es mir irgendwie gefiel, zu sehen, wie diese kleine Kuschelhäschen-Familie vom Staubsauger malträtiert wurde? Wer könnte nicht mehr davon vertragen – von dem allgemeinen Genuss, meine ich, nicht davon, wie die Häschen malträtiert werden. Obwohl ich nicht behaupten will, dass man Hausarbeit wahnsinnig spannend finden muss, kann Achtsamkeit diese Aufgabe immerhin von einer lästigen zu einer erfreulichen oder zumindest neutralen Pflicht machen.

Die Achtsamkeitsübung „Hausarbeiten – Teil II": Wie gehst du Hausarbeiten an? Ist es ein verhasstes Unterfangen voll schlechter Laune, Widerwille und von einer ständigen Flunsch begleitet? Unsere Einstellung hängt stark von der Perspektive ab, die wir einnehmen.

Schaffe zuerst möglichst angenehme Bedingungen. Etwa, indem du einen Podcast auf den Kopfhörern hörst, Musik auflegst, sodass du dich durch die Hausarbeit tanzen kannst, oder einfach die Stille würdigst, nach der du dich gesehnt hast. Sei offen und experimentiere ein wenig damit, dich auf die haptischen Wahrnehmungen beim Putzen zu konzentrieren. Lenke deinen Fokus immer darauf zurück, sobald du abdriftest.

Falls du ein bisschen boshaft sein willst und deine Kinder gerade in der Nähe sind, ist es auch eine witzige Taktik, es wie das Spaßigste überhaupt aussehen zu lassen, in der Hoffnung, dass sie mitmachen wollen. Manipulativ? Schon möglich, aber niemand nimmt Schaden, und zuletzt wird dir das ganze Geputze womöglich gar nichts mehr ausmachen.

Selbstmassage

Nur um eines klarzustellen und dich nicht auf gewisse Gedanken zu bringen: Ich spreche nicht von *dieser* Art Selbstmassage. Nicht, dass irgendetwas falsch daran wäre, nur ist *Achtsamkeit für Mamas* eben nicht diese Art Buch. Tut mir leid, wenn du jetzt enttäuscht bist. So, das wäre aus dem Weg geräumt …

In der Zeit vor den Kindern, als ich den Luxus, Zeit zu haben, noch als etwas Selbstverständliches ansah (weil ich ahnungslos war), massierten mein Mann und ich uns regelmäßig gegenseitig. Göttlich! Wie seltsam paradox es doch ist, dass ich regelmäßig Massagen bekam, bevor ich Kinder hatte, als ich entspannt war und großenteils meinem eigenen Zeitplan und Rhythmus folgte. Ja, wir alle wissen, wie es unser Liebes(und Massage-)leben beeinflusst, wenn plötzlich ein Baby da ist, zumindest für eine Weile. Mach's gut, lange Luxusmassage; hallo augenblicklicher Schlaf bei den seltenen Gelegenheiten, in die Horizontale zu gehen.

Ich begann bei meiner Tochter mit täglichen Babymassagen, als sie ein Säugling war, weil ich gelesen hatte, dass es eine Bindung herstellt und beruhigt. Nach einer Weile begannen wir, gemeinsam ein Lied dazu zu singen – „Wir fangen mit dem Rücken an, dem Rücken, dem Rücken Rücken Rücken" – was nebenbei dazu diente, ihr die Namen der verschiedenen Körperteile beizubringen. Wir behielten dieses Ritual durch die gesamte Kleinkind- und Vorschulzeit bei, bis sie manchmal sogar *mir* eine Babymassage gab. Wehmütig erinnere ich mich daran, wie diese kleinen Hände mein Gesicht, meinen Hals und meine Schultern mit einer kaum spürbaren Zartheit berührten, und an ihre Art, auch mich etwas von dieser Fürsorge und Liebe spüren zu lassen. Ich weiß nicht mehr genau, wann sie diesem Ritual entwachsen ist. Es muss ganz allmählich geschehen sein. *Seufz!*

Als mein Kleiner dann geboren war,

> Der Faktor mit der wahrscheinlich größten Auswirkung auf Kinder ist das Wohlbefinden und Funktionieren ihrer Mutter. Wenn dir etwas an den Kindern liegt, sei gut zu ihren Müttern.
> —*Rick Hanson*

wandte ich diese Praxis, von Neuem entzückt, an seinem kleinen Körper an, wobei sein Gesicht sich bei dem kleinsten Druck auf Schläfen und Nacken sichtlich entspannte. Als er zu sprechen anfing, sang er sofort mit mir mit, und wie seine Schwester viele Jahre zuvor, gibt auch er mir Babymassagen.

Ich hätte mir allerdings denken können, dass seine Version sich dramatisch von der meiner Tochter unterscheidet. Diesmal gibt's keine sanfte, liebevolle Babymassage für mich. Mein Kleiner verabreicht mir stattdessen das, was er eine „Rock-'n'-Roll-Babymassage" nennt. Diese Massage, liebe Freunde, ist blitzartig, und er kreischt dazu wie Ozzy Osbourne auf zu viel Koffein. Nicht wirklich entspannend, aber es ist urkomisch und lässt mich jedes Mal Tränen lachen – genau das, worauf er aus ist. Der Unterschied in den Persönlichkeiten meiner beiden Sprösslinge ist oft verblüffend. Und bezaubernd. Und es lässt mich wachsam bleiben, denn bei einer Rock-'n'-Roll-Babymassage ist die Gefahr kleinerer Verletzungen hoch.

Glücklicherweise gibt es auch so etwas wie eine Selbstmassage, in der *Savasana*-Stellung (Totenstellung), die ich erstmals am Ende eines Yoga-Kurses kennenlernte. Diejenigen von euch, die *Savasana* nicht kennen, sollten sich augenblicklich damit vertraut machen. Ganz am Schluss der Sitzung liegt man bei *Savasana* mit ausgestreckten Armen und Beinen flach auf dem Rücken. Es hat den Zweck, die in den vorangegangenen Stellungen erzeugte Energie heilsam und revitalisierend wirken zu lassen. Es ist äußerst erholsam und von dem angenehmen Gefühl begleitet, dass man es sich verdient hat. Eine Yogalehrerin ging sogar durch den Raum, um jedem Schüler sanft Hals, Rücken und Hände zu massieren, während wir in der *Savasana*-Stellung entspannten. Wenn ich recht darüber nachdenke, frage ich mich, warum ich ihr nach dem Kurs nicht nach Hause gefolgt bin und sie angefleht habe, mich in ihre Familie aufzunehmen.

Selbstmassage fühlt sich nicht nur großartig an, sie kann auch willkommene Nebeneffekte haben. Massage reduziert Schmerz, Stress und Muskelverspannung und fördert Durchblutung und Heilung. Genauso, wie wir bei der Meditation unsere Wahrnehmung auf subtile Körperempfindungen lenken, fokussiert sie sich bei der Selbstmassage auf spezifische Zonen. Sie ermöglicht uns größere Vertrautheit mit Zonen, in denen wir Verspannungen haben, und erlaubt uns, uns selbst ein wenig bitter benötigte Liebe und Zuneigung zukommen zu lassen. Ich habe sie meinem Mann und meinen Kindern zukommen lassen; warum nicht auch mir selbst?

Die Achtsamkeitsübung „Selbstmassage": Massiere, am Scheitel beginnend, in kleinen Kreisbewegungen sanft deinen Kopf und achte dabei auf jede empfindliche Zone. Massiere mit den vorderen beiden Fingern sanft deine Schläfen in kleinen Kreisbewegungen, vorwärts und rückwärts. Übe sanften Druck auf die Knochen rund um deine Augenhöhlen aus, führe sie dann hinunter zu Wangenknochen und Backenfleisch. Führe sie als nächstes in den Nacken, wo der Kopf auf der Wirbelsäule sitzt, und ertaste die leicht hervorstehenden Knochen. Massiere langsam den Hals hinab und halte dabei inne, um jede empfindliche Zone wahrzunehmen. Experimentiere ein wenig mit der Stärke des Drucks. Gleite mit den Fingern auf deine Schultern und suche nach Knoten, um auf sie abwechselnd Druck auszuüben und zu entspannen. Achte während der Massage darauf, ob deine Aufmerksamkeit abdriftet, und lenke sie dann zurück auf deine Selbstfürsorge. Nimm, genau wie bei deinem Kind, eine Haltung von Liebe und Wertschätzung für diesen bemerkenswerten Körper ein.

Selbstmassage kann man jederzeit machen, in einem freien Augenblick während der Arbeit, beim Warten an einer Ampel oder während man einen Film mit seinen Kindern ansieht. Falls du kleine Kinder hast, wollen sie vielleicht sogar mitmachen. Wer weiß, vielleicht bekommst du deine eigene Version einer Babymassage, Rock'n'Roll oder sonst wie. Genieße es!

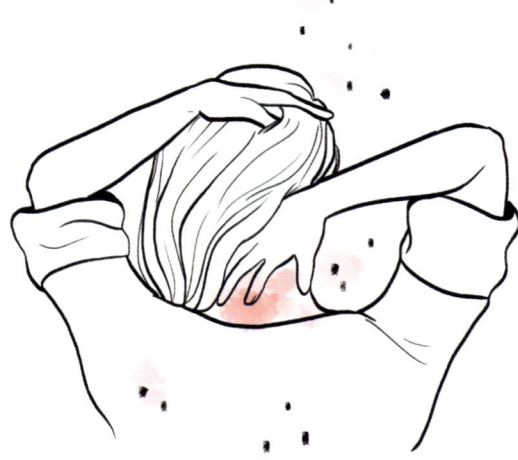

Die Perspektive wechseln

Es ist vier Uhr morgens und ich bin fix und fertig vom Schlafentzug und dem gnadenlosen Geschrei eines Babys mit kolikartigem Reflux. Ich halte seinen kleinen Körper gepuckt in meinen Armen; ich laufe mit ihm herum, wiege und schaukle es, bis ich schließlich selbst weine. Es ist das zweite Mal, dass ich das mit einem Neugeborenen durchmache, und in irgendeinem Winkel meines ausgemergelten Geistes ist mir bewusst, dass auch das vorübergeht. Oh, aber es ist schon eine Herausforderung, sich an diesen Gedanken zu klammern, wenn dieses kleine Geschöpf sein entzückendes Gesicht aufs Neue verzieht und stundenlang untröstlich weint.

Um ihn zur Ruhe zu bringen, krame ich sämtliche Schlaflieder hervor, an die ich mich in meiner Verneblung erinnern kann. Ich hauche ihm „Der Mond ist aufgegangen" ins Ohr. Er kommt für wenige wertvolle Sekunden zur Ruhe. Ich säusle „Schlaf, Kindlein, Schlaf" und er fängt wieder an zu weinen. Dann fange ich während dieser gemeinsamen Leidenszeit an, Lieder zu singen, die eher dazu bestimmt sind, mich selbst zu beruhigen, die ausgepumpte Mama, die sich nach Schlaf, Stille und Entlastung sehnt. Die Texte bieten mir einen Zufluchtsort, einen Rettungsring, an den ich mich klammern kann. Eine alternative Perspektive zu bleierner Müdigkeit und absoluter Hilflosigkeit. Und so singe ich ein einfaches, gefühlvolles Lied, das ich einmal in einer Live-Version des Trios Red Molly gehört habe (geschrieben von Susan Werner):

May I suggest
May I suggest to you
May I suggest this is the best part of your life
May I suggest
This time is blessed for you
This time is blessed and shining almost blinding bright
Just turn your head
And you'll begin to see

The thousand reasons that were just beyond your sight
The reasons why
Why I suggest to you
Why I suggest this is the best part of your life*

Meine schiefe, vor Erschöpfung zeitweise heisere Stimme bricht vor Rührung, während mir die Tränen in die Augen steigen und meine Wangen hinabkullern. Aber ich lächle durch die Tränen hindurch. Die Poesie des Textes hat mich wieder zu Kräften kommen lassen. Ich habe meinen Kopf gewendet und aus der neuen Perspektive sehe ich dieses entzückende kleine Baby als das, was es ist – nichts weniger als ein Wunder und eine der größten Segnungen meines Lebens. Und ich bin mir ganz sicher, dass ich eines Tages mit bittersüßer Nostalgie an diese Nacht zurückdenken werde, an diese tiefe und intime Verbindung zwischen Mutter und Kind, mit Kampf, Gesang und, zu guter Letzt, mit etwas Schlaf.

Die Achtsamkeitsübung „Die Perspektive wechseln": Wenn du in einer negativen Stimmung, an einem unangenehmen Ort oder in einer schwierigen Situation feststeckst, frage dich: „Kann ich meinen Kopf wenden?" Schaffst du es, die Situation aus einem anderen Blickwinkel zu betrachten, aus einer weiteren Perspektive, vielleicht mit etwas mehr Ehrfurcht und Dankbarkeit? Wir können diesen Perspektivwechsel nicht erzwingen, aber wir können uns selbst die Möglichkeit geben, zurückzutreten und mögliche Lehren zu erkennen, die wir ziehen können, wenn wir neugierig bleiben. Wenn wir uns öffnen, ist es fast immer möglich, eine Situation aus einem anderen Blickwinkel zu betrachten.

Hinsetzen

W ir alle haben eine einzigartige Veranlagung. Es ist hilfreich, wenn du deine erkennst, damit du ein paar kleine Anpassungen vornehmen kannst, die dich achtsamer sein lassen. Mangelt es dir von Haus aus an Motivation? Wenn ja, ist diese Achtsamkeitsübung vielleicht nicht die richtige für dich, sondern eher die nächste, die dich dazu anregt, dich achtsam zu bewegen.

Wenn du es aber von Haus aus übertreibst und es dir schwerfällt, dich während eines hektischen Tages hinzusetzen, dann ist diese Achtsamkeitsübung etwas für dich. Wie viele andere beschäftigte Mamas weiß ich, dass die einzigen Gelegenheiten, uns zu setzen, darin bestehen, unsere Kinder zu chauffieren, auf Toilette zu gehen (und wenn du Kleinkinder hast, bist du dabei wahrscheinlich nicht allein) oder am Ende eines langen, vollgepackten Tages.

Amy, eine nicht berufstätige Mama, erläutert, warum diese Art zu leben für sie von Schuldgefühlen begleitet ist. Im Laufe der Zeit verinnerlichte sie das allgegenwärtige kulturelle Produktivitäts-Credo, sodass sie, wenn sie auch nur für einige Augenblicke innehalten und sich von ihrer Last befreien würde, ihren Anteil schuldig bleiben würde. Stell dir mal vor, eine nicht berufstätige Mama, die ihre Tage auf der Couch fläzend und Bonbons naschend verbringt – ist mir noch nicht untergekommen, schon gar nicht Amy. Und genau hier greift das kulturelle Credo der Produktivität (sprich *geschäftige Betriebsamkeit*) ins Leere.

Es gibt einen großen Unterschied zwischen totaler Trägheit und gelegentlichem kurzen Innehalten, um die Batterien wieder aufzuladen. Aber wir denken und handeln oft so, als ob es keinen Mittelweg gäbe, und es mag sich radikal und falsch anfühlen, anders zu handeln. Aber das ist nicht wahr, es ist reine kulturelle Konditionierung.

> Meditation ist ein Gerät zur Feinjustierung, an dem wir still sitzen und drehen und drehen und drehen, bis wir die klarste und stillste Einstellung gefunden haben – unsere Seele.
> —*Elizabeth Lesser*

Michele, eine berufstätige Mama, sagt, dass es sich beim Heimkommen nach der Arbeit in einen lebhaften Haushalt so anfühlt, als ob jeder Augenblick zählt. „Mich hinsetzen? Willst du mich auf den Arm nehmen?", fragt sie lachend. Ich verstehe diese fehlgeleitete Einstellung, weil ich selbst, trotz jahrelanger Übung in Achtsamkeit, immer noch darin verstrickt bin. Mir ist aus eigener Erfahrung auch bewusst, dass Hinsetzen zu augenblicklichem Schlaf führen kann, ein weiterer üblicher Nebeneffekt von engagierter Mutterschaft. Um unser Tempo, das chronischen Stress verstärkt, zu drosseln, müssen wir jedoch lernen, innezuhalten und uns hinzusetzen, denn schon eine kurze Pause kann genügen, um unsere Batterien für eine Weile aufzuladen und uns einen entspannteren, angenehmeren Abend zu bescheren.

Die Hinsetz-Achtsamkeitsübung: Wenn du ständig in Bewegung bist, mag das eine ziemliche Herausforderung sein, aber die Mühe lohnt sich. Uns bestimmt, aber freundlich darin zu trainieren, uns hinzusetzen, kann sich anfühlen, als müssten wir es einem wilden Welpen beibringen, der zwar das Richtige tun will, aber einfach nicht stillhalten kann. Es erfordert oft genau die gleiche Art von Geduld, gutem Humor und eine Menge Anreize. Finde einen bequemen Platz zum Sitzen, am besten irgendwo, wo du in den nächsten Augenblicken nicht unterbrochen oder angesprochen wirst. Wenn es inmitten des Chaos stattfinden muss, dann sei es eben so.

Atme ein paar Mal tief ein und aus und lass deine Schultern fallen. Entspanne Bauch und Beine und, wenn du möchtest, erlaube deinen Mundwinkeln, sich zu einem kleinen Lächeln zu verziehen. Nimm die Stille wahr. Es kann sich fantastisch und luxuriös anfühlen. Womöglich macht sich die Unruhe, die uns aufstehen und etwas tun lassen will, voll bemerkbar – der nahezu übermächtige Drang, sich zu bewegen. Bring dich, genau wie den energiegeladenen, lernwilligen Welpen, sanft dazu, den Bewegungsdrang auszusitzen. Bleib freundlich, aber bestimmt sitzen. Es wird mit der Zeit einfacher. Entspanne immer wieder deinen Körper. Gib dir selbst die Gelegenheit, zu ruhen und Energie zu tanken. Wenn du dann wieder in den Tag eintauchst, achte darauf, ob deine Batterien ein bisschen mehr Saft haben. Wiederhole es bei Bedarf.

Dehnen

Kinder zu bekommen, hat mich entweder a) realisieren lassen, dass ich schon immer ein Morgenmensch gewesen war und es nur nicht wusste, oder b) mir, um ein Morgenmensch zu werden, eine so brutale Gehirnwäsche und Konditionierung verpasst, dass ich es jetzt tatsächlich liebe. Wie dem auch sei, meistens bin ich schon vor Tagesanbruch wach und spüre dementsprechend meine erste Energielevel-Warnung am frühen Nachmittag. Wenn ich tagsüber in der Psychotherapiepraxis bin, um Patienten zu empfangen, gibt es wenig Gelegenheit, sich zu bewegen, außer stündlich ein paar Schritte, um den nächsten Klienten hereinzubitten. Wenn ich merke, dass meine Energie nachlässt, nutze ich oft die Dehn-Achtsamkeitsübung und bin verblüfft, wie sie meinen Körper und meinen Geist augenblicklich wach macht.

Auch Mamas von Neugeborenen brauchen achtsame Bewegung, da sie übermäßig viel Zeit damit verbringen, auf die kleinen Babys hinunterzublicken, die sie in ihren Armen wiegen. Während ich meine Babys auf den Hüften trug, wiegte und ruhen ließ, versuchte ich tapfer, körperliches Gleichgewicht durch Seitenwechsel herzustellen. Aber ach, ich war leider vollkommen ungelenk und unbeholfen darin, meinen viel schwächeren linken Arm zu benutzen. Nachdem meine Kleinen zu krabbeln begonnen hatten, brauchte es Monate (und die Hilfe von Yoga), um meinen Körper wieder in seine gleichmäßige strukturelle Symmetrie zu bringen. Stundenlang am Computer zu sitzen, um dieses Buch zu schreiben, fühlt sich oft ähnlich an, wie sich damals um die Wickelkinder zu kümmern. Ganz von der Aufgabe in Beschlag genommen, fliegt die Zeit dahin. Wenn mir wieder bewusst wird, was um mich herum geschieht, nehme ich deutlich die Muskeln in Hals und Rücken wahr, die sich nach und nach verspannt haben und darum betteln, gedehnt zu werden.

Ob sich ein Baby in meinen Arm schmiegt oder ich vor einer Computertastatur sitze, es verursacht dieselbe leichte Beugung nach vorn in Richtung meines Aufmerksamkeitszentrums und in der Folge die Notwendigkeit aufzustehen, den Blick zu heben, die Brust rauszuschieben, die Schultern zurückzuziehen, und meinen Körper wieder ins Gleichgewicht zu bringen. Ob ihr nun also ein wenig Energie, Dehnung oder Gleichgewicht braucht, die Dehn-Achtsamkeitsübung wird euch helfen.

Je mehr wir uns in Achtsamkeit üben, desto stärker werden wir uns unseres Körpers und seiner feinen Empfindungen und Muster bewusst. Unser Körper *will* sich bewegen. Ob du ein Neugeborenes oder einen Wäschekorb schleppst oder aber stundenlang am Computer hockst, dein Körper wird dir für etwas Bewegung in Form der Dehn-Achtsamkeitsübung dankbar sein.

Die Dehn-Achtsamkeitsübung: Steh auf und dehne, mit Kopf und Hals beginnend, jeden Körperteil bis hinunter zu den Knöcheln und Füßen. Lasse den Kopf langsam in beide Richtungen kreisen, mache dann das Gleiche mit den Schultern. Strecke deine Arme so hoch wie möglich über den Kopf und beuge dich dann langsam in beide Richtungen zur Seite. Achte auf deinen Körper und dehne ihn nur so stark, dass es noch angenehm ist. Drehe dich in der Taille hin und her, beuge dich dann nach vorn und lasse den Kopf locker hängen. Drehe deine Handgelenke im Kreis und strecke die Finger aus. Mache ein paar Kniebeugen, um die Muskeln in Ober- und Unterschenkeln zu aktivieren. Lasse die Fußgelenke kreisen und strecke die Füße nach vorne durch. Nachdem du dich um jeden Körperteil gekümmert hast, checke nochmal den gesamten Körper durch. Halte inne, wenn sich bestimmte Zonen besonders verspannt anfühlen oder schmerzen, und dehne diese Zonen vorsichtig ein weiteres Mal. Wenn du damit fertig bist, achte auf dein körperliches und geistiges Energielevel. Hat sich etwas verändert? Wo und wie? Denke daran – je respektvoller und fürsorglicher du deinen Körper behandelst, desto mehr Energie wirst du haben. Und wir alle können mehr davon brauchen.

Wäschewaschen

Ich gestehe etwas: Wäschewaschen ist mir nicht zuwider. Das klingt vielleicht unglaubwürdig, denn Wäschewaschen scheint für die meisten vielbeschäftigten Mamas eine besonders schreckliche Hausarbeit zu sein. Aber diese Info ist bei mir nie angekommen. Hasse mich nicht dafür. Vielleicht liegt es daran, dass ich die Kleidung fast nie sortiere, ich schmeiße einfach alles zusammen rein und hoffe das Beste. Für mich ist Wäschewaschen eine Aufgabe, die schnell und einfach erledigt werden kann. Obwohl ich täglich mindestens eine Ladung Wäsche wasche, habe ich es tatsächlich immer genossen. Genau wie die Wachstumsskala im Kinderzimmer meines Kleinen, zeigt der Wäscheberg das Wachstum und die Veränderung unserer Familienzusammensetzung an.

Als meine Tochter frisch geboren war, war ich voller Ehrfurcht für diese frisch duftenden Strampler und die winzig kleinen Söckchen. Es war, als könne ich dem Lauf der Zeit zusehen, wenn ich mich hinsetzte, um ihre immer größer werdenden Kleider zusammenzulegen, die mittlerweile die gleiche Größe haben wie meine eigenen. Auch ist es mittlerweile fast unmöglich zu sagen, welche Klamotten wem gehören (außer bei den Jeans. Ich kann mich nicht erinnern, jemals welche in XS gehabt zu haben), wir können also endlich auch Klamotten tauschen. Hurra!

In letzter Zeit sind es die Klamotten meines Kleinen, die geradezu über Nacht zu wachsen scheinen. Wenn ich so dasitze und Kleidung zusammenlege, stelle ich mir die Zukunft vor, wenn seine Kleider größer sein werden als die meines Mannes, und ich weiß, dass dieser Tag nur allzu bald kommen wird. Aus meiner Träumerei herausgerissen, bin ich dankbar für den Anblick dieser Kindergrößen, die meinen Kleinen in frisch gewaschene Liebe einpacken werden.

Die Achtsamkeitsübung „Wäschewaschen": Lass zu, dass diese paar Augenblicke des Sortierens und Zusammenlegens eine Pause bedeuten, um ein paar Mal tief durchzuatmen. Verlangsame das Tempo nur ein klein wenig. Fühle die Textur jedes einzelnen Kleidungsstücks. Nimm den angenehmen Duft frisch gewaschener Wäsche wahr (besonders, wenn du einen Teenagerjungen hast – atme den frischen Duft jetzt ein, bevor er in den allgegenwärtigen Mief von Umkleideräumen umschlägt). Empfinde Dankbarkeit für jedes Familienmitglied, während du die Kleider auf die jeweiligen Stapel legst, und sende ihnen dabei liebevolle Wünsche. Achte auf deine Gedanken und darauf, wohin sie dich tragen. Es ist nicht nötig, sie zu bewerten – achte einfach darauf und kehre dann zur haptischen Spürbarkeit der Kleider zurück.

Yoga

Wenn mein Kleiner in der Nähe ist, sind ernsthafte Yogaübungen unmöglich. Sobald ich die Yogamatte hervorhole, hält er das für eine unausgesproche- ne Einladung, mich als sein persönliches menschliches Spielgerät zu benutzen. Es scheint, als könne er nicht anders, als sich mit einzubringen. *Herabschauender Hund* wird zur London Bridge, die darum bettelt, dass man sie erklimmt und unter ihr hin- durch krabbelt. Wenn ich mich mit *heraufschauender Hund* Richtung Decke strecke, erwarten mich zum Kuss geschürzte Lippen. Aus der *Katze-Kuh*-Stellung wird schnell ein Reitpferd, und falls ich mich mal flach auf den Rücken lege, ist er schnell zur Stelle und bereit für einen Flugzeugausflug.

Und da ist nicht nur er. Seine Spielsachen lieben Yoga ebenfalls. Mehrfach wur- den meine Beine als steil ansteigende Gleise für seine Lokomotive samt Lokführer benutzt, wenn ich gerade in der *Dreieck*-Stellung hockte. Matchbox-Autos haben sich schmerzhaft in meinen Haaren verfangen. Die rote Linie habe ich beim Kopfstand gezogen: „Mach auf gar keinen Fall irgendeinen Unfug mit Mama, während sie auf dem Kopf steht!"

Manchmal greifen wir zu unserer Lieblings-CD für musikalisches Kinderyoga von meiner wundervoll talentierten Freundin Kira Willey. Falls du ihre Musik noch nicht gehört hast, musst du es tun! Kira ist selbst eine achtsame Mama und schreibt diese seltene Art von Musik, die sowohl Kinder als auch Erwachsene anspricht. Ihre Lieder werden von lustigen Yogastel- lungen begleitet, die dazu gedacht sind, sie zur Musik auszuführen. Mein Sohn kennt alle ihre Texte auswendig. Ich habe einen großen Fundus an Erinne- rungen, wie ich mit meinen Kindern zu ihren Liedern tanze und herumtobe. Ein wahres Geschenk.

> Die Frage ist weniger „Erziehst du dein Kind richtig?", als vielmehr „Bist du so ein Erwach- sener, wie du ihn gerne aus deinem Kind ma- chen würdest?"
>
> —Brené Brown

Um also achtsame Yogaübungen machen zu können, ohne währenddessen schmerzhafte Verletzungen fürchten zu müssen, gehe ich wöchentlich zu einem Kurs. Ich übe auch zu Hause, wenn der Kleine gerade schläft oder anderweitig beschäftigt ist. Da ich schon lange die Hoffnung aufgegeben habe, eine ausgiebige Yogasitzung machen zu können, wenn er dabei ist, heiße ich nunmehr einfach die Gelegenheit willkommen, gemeinsam zu üben – mit Verspieltheit, Gekicher, Lokomotiven und was sonst noch alles. Obwohl es eine ganz andere Art der Praxis ist, wenn er dabei ist, schaffe ich es, dabei tief durchzuatmen und verspannte Muskeln zu dehnen. Das würde ich um keinen Preis missen wollen.

Die Yoga-Achtsamkeitsübung: Ich empfehle dir, Yoga sowohl alleine, als auch mit deinen Kindern auszuprobieren. Du wirst aus beidem unterschiedlichen Nutzen ziehen. Falls du es noch nicht ausprobiert hast, empfehle ich dir auch, dir einen Kurs bei einem kenntnisreichen Lehrer zu suchen. Yoga wird als Bewegungsmeditation begriffen und ist eine großartige Möglichkeit, sich in Achtsamkeit zu üben. Entgegen der Meinung vieler Anfänger ist es nicht nötig, für Yoga besonders beweglich zu sein. Auch auf YouTube gibt es unzählige Lehrvideos, falls ein Kurs in nächster Zeit für dich nicht in Frage kommt. Wenn es schwierig ist, Zeit für dich alleine zu finden, kannst du den Kindern sicher beibringen, Mama für ein Weilchen nicht zu stören. Indem wir unseren Kindern die verschiedenen Arten zeigen, sich selbst zu pflegen, sind wir ihnen ein gutes Vorbild.

Bevor du anfängst, frage, was du und deine Kleinen im Moment gerade brauchen. Eher ein paar langsame, beruhigende Stellungen oder eher lebhafte, bei denen man sich auspowert? Stille oder Musik? Halte es leicht und vergnüglich. Während ihr eure Körper bewegt, haltet ab und zu inne und achtet auf eure körperlichen Empfindungen. Schlägt euer Herz schneller? Ist euch wärmer? Fühlt ihr euch energetischer? Ruhiger? Haben deine Kleinen ein Lächeln auf dem Gesicht? Falls ja, wette ich, dass auch auf deinem eines ist. *Namaste!* (Sanskrit für „ich verneige mich vor dir" oder „ich verneige mich vor dem Göttlichen in dir".)

Kochen

Während meiner frühen Zwanziger besuchte ich regelmäßig meine Freundin aus Kindertagen, die zum Studieren in eine andere Stadt gezogen war. Wir gingen oft in die griechischen Restaurants in der Innenstadt, aßen köstliche, authentisch-mediterrane Gerichte und schmachteten die hübschen dunkelhaarigen Männer mit ihrer Olivenhaut an. Ich pflegte zu scherzen, dass ich glücklich sterben würde, wenn ich einen Griechen, der kochen kann, heiratete.

Nun, wie es das Schicksal so will, mein Mann ist halber Grieche und ein Meister in der Küche (obwohl *ich* diejenige bin, die den köstlichen griechischen Spinatstrudel macht – hab' wohl vergessen zu erwähnen, dass er gut *griechisch* kochen können muss). Ich habe weise gewählt; in unserem Haushalt bin nicht ich der Küchenchef. Mein Mann hat eine unheimliche Gabe, ein köstliches Mahl aus den Dingen zuzubereiten, die gerade in der Speisekammer sind. Ich bevorzuge es hingegen, nach Rezept und mit sorgfältig ausgewählten Zutaten zu kochen. Wenn Mama für das Abendessen zuständig ist, kann sich meine Familie deshalb sicher sein, dass es ein paar Variationen von Salat, Röstgemüse, Pasta und natürlich Spanakopita (griechischer Spinatstrudel) geben wird.

Die Koch-Achtsamkeitsübung: Vielleicht macht es dir ohnehin Spaß, für deine Familie zu kochen. Wenn dem so ist, großartig – tauche in diese Achtsamkeitsübung ein und genieße es! Wenn Kochen für dich hingegen eher ein notwendiges Übel ist, das seine Fratze jeden Nachmittag gegen fünf Uhr zeigt *(Aaah! Schon wieder so spät! Was soll ich nur zum Abendessen machen?)*, experimentiere mit der Übung und achte darauf, ob sich deine Einstellung irgendwie ändert.

Atme während des Zubereitens tief durch und richte deine volle Aufmerksamkeit darauf. Mache dir vielleicht bewusst, was alles nötig war, um die Zutaten auf deine Arbeitsplatte zu bringen – all die Arbeit, die Lebensmittel anzubauen, zu ernten und zu transportieren. Vielleicht empfindest du Dankbarkeit für das Privileg des Überflusses und die Möglichkeit, deine Familie so problemlos ernähren zu können. Begreife die Ernährung deiner Familie als eine weitere Art, ihr deine Liebe zu zeigen.

Wie bei allen Achtsamkeitsübungen kann es nicht erzwungen werden, sondern es bedeutet eher eine feine Veränderung deiner Wahrnehmung und Einstellung. Nimm den Geruch aller Zutaten wahr und fühle ihre Texturen, wenn du sie wäschst, schneidest und zubereitest. Wenn deine Wahrnehmung abdriftet, lenke sie sanft zurück auf das Aroma und den Anblick der Nahrungsmittel. Achte beim Essen auf jeden einzelnen Geschmack, indem du jeden Bissen bewusst zu dir nimmst. Falls du feststeckst und Woche für Woche dieselben paar Gerichte zubereitest, nimm dir vielleicht vor, jede Woche ein neues Gericht auszuprobieren. Sei neugierig und abenteuerlustig.

Natürlich ist es immer eine Option, die Kinder mit einzubeziehen, denn die Forschung zeigt, dass Kinder eine größere Variation an Lebensmitteln essen, wenn sie sich an der Zubereitung beteiligen. Wahrscheinlich ist es überflüssig, zu erwähnen, dass Musik und (für dich) Wein eine angenehme Begleitung sind. Die Quintessenz ist, zu variieren, es interessant zu machen und zu sehen, was passiert. *Kalí órexi!* (Griechisch für „guten Appetit!")

Mama-Schuldgefühle?

Ich wette, wenn du eine Mutter bist, hast du so viele Mama-Schuldgefühle, dass du gerne etwas davon abgeben würdest. Fast wie die Liebe für unsere süßen Neugeborenen folgt „Mama-Schuld" dem Baby direkt aus dem Mutterleib und setzt sich sofort in unseren Herzen und Gedanken fest. Ob du nun also eine berufstätige Mama bist oder nicht, oder irgendetwas dazwischen, du bist dazu verurteilt, etwas Mama-Schuldgefühle mit dir herumzutragen.

Der innere Mama-Schuld-Kritiker ist oft am Werk, ob wir es merken oder nicht: *Wie geht's den Kindern? Tue ich genug für sie? Tue ich zu viel für sie?* Wir Mamas empfangen verwirrend viele Botschaften, wenn es um Erziehung geht: *Verpasse keinen Augenblick! – Sei nicht überfürsorglich! – Mach die Kinder zu deiner obersten Priorität! – Dein Partner sollte an erster Stelle stehen. – Du kannst nicht alles haben. – So kannst du alles haben. – Vergiss nicht deine Freunde, deine Karriere, deine Hobbies ...* Wie bitte, was?

Versteh mich nicht falsch: Ein bisschen Schuldgefühl kann nützlich sein. Es kann uns warnen, wenn wir von unserer Art, wie wir leben wollen, abgekommen sind. Wenn mich beispielsweise die Arbeit zu sehr vereinnahmt und mein Leben aus dem Gleichgewicht gerät,

> Zeige mir eine Frau ohne Schuldgefühle – und ich zeige dir einen Mann.
> —Erica Jong

bringt mich das Schuldgefühl dazu, meine Zeiteinteilung zu überdenken und mich zu fragen, ob ich ausreichend präsent bin. Ich plane mehr Zeit für meine Familie ein und verspüre augenblicklich etwas Erleichterung, ein klares Zeichen, dass ich auf dem richtigen Weg bin. Wenn wir Schuldgefühle zum Anlass nehmen, uns sacht auszubalancieren, können wir ihnen für die Einsicht danken, sie ziehen lassen und weitermachen.

Allerdings passiert es allzu oft, dass die Schuldgefühle überhand nehmen und zu Mama-Schuldgefühlen werden, was dann in etwa so klingt: *Wow, du warst in letzter Zeit abgelenkt und hast viel gearbeitet. Eine tolle Mama bist du! Vielleicht solltest du deinen eigenen Ratschlag beherzigen. Du solltest unbedingt präsenter sein ...* Die meisten von uns kommen unnötig oft auf diesen Mama-Schuld-Trip, verlieren sich in Selbstvorwürfen und -verurteilungen und würdigen gar nicht ihre Mühe und was sie alles erreicht haben. Diese Mama-Schuld ist wenig hilfreich und kontraproduktiv, wenn wir ihr erlauben, sich in unseren Gedanken festzusetzen.

Wie unterscheiden wir also zwischen ein wenig konstruktiver Schuld und dieser fruchtlosen Mama-Schuld? Indem wir auf unsere körperlichen Empfindungen und Stimmungen achten. Unsere Achtsamkeitsübungen haben mit der Zeit unsere Wahrnehmung körperlicher Empfindungen gestärkt, die voller Informationen über unser Innenleben stecken, solange wir nur offen sind, sie zu spüren. Häufig nehmen wir körperliche Empfindungen gar nicht wahr, solange sie kein wirkliches Unbehagen verursachen. Wenn wir hingegen anfangen, stärker darauf zu achten, werden wir merken, dass es unzählige Empfindungen gibt, die permanent auf und ab wogen.

Schuldgefühle sind ein Signal, das uns, wenn wir es würdigen, stärker zu unseren eigenen inneren Absichten führt und nicht so sehr zu den äußeren, die die Gesellschaft uns auferlegt. Unser Körper entspannt sich auf natürliche Art. Wir fühlen uns wohler. Es gibt keine unangenehmen Empfindungen. Mama-Schuld hingegen neigt dazu, sich als Schamgefühl festzusetzen, und anstatt nützlich zu sein, wird sie zu einem permanenten, ungerecht urteilenden Kritiker unserer vermeintlichen Unzulänglichkeiten als Mama. Scham fühlt sich unangenehm an und geht oft mit leichter Übelkeit, Unwohlsein und Muskelanspannung einher. Mama-Schuld blockiert uns, anstatt uns konstruktiv handeln zu lassen.

Wenn du durch gründliches Achtsamkeitstraining gelernt hast, zur Ruhe zu kommen, höre auf deine innere Stimme und lass sie dich führen. Mehr ist nicht nötig – du kannst die verwirrenden und oftmals widersprüchlichen Botschaften verstummen lassen, und mit ihnen die Mama-Schuld. Du wirst wissen, was zu tun ist, und du kannst dich darauf verlassen.

Die Achtsamkeitsübung „Hast du Mama-Schuldgefühle?":
Wenn Schuldgefühle aufkommen und du, wie wir alle gelegentlich, erkennst, dass du nicht auf die Art für deine Kinder da bist, wie du es gerne wärst, ist es ein sinnloses und hemmendes Unterfangen, dich selbst zu verurteilen. Stattdessen solltest du dir zu der Erkenntnis gratulieren, dass du vom Kurs abgekommen bist, und dich guten Mutes in Richtung deiner eigenen Absichten bewegen.

Mitgefühl und Wohlwollen sind essenzielle Bestandteile achtsamen Bewusstseins. Die meisten von uns verteilen sie freigiebig, tun sich aber schwer damit, sich selbst etwas davon zukommen zu lassen. Wenn du merkst, dass du gefallen bist, steh wieder auf, klopf dich ab, spende dir ein paar freundliche Worte und fang einfach von vorne an.

Wenn Mama-Schuld hartnäckig bleibt und schamvoll ist, achte auf deine Gedanken dazu. Ist etwas Wahres daran oder rührt sie von den unrealistischen Erwartungen unserer Gesellschaft, wie du Erziehung gestalten solltest? Wenn das Wort *sollte* eine Rolle spielt, ist es sehr wahrscheinlich, dass du wieder auf einem dieser fruchtlosen Mama-Schuld-Trips bist. Denk immer daran: Elternschaft ist ein schwieriger Balanceakt. Wir können nur unser Bestes geben. Finde auf den Weg zurück, beherzige deine elterlichen Absichten und lass die Mama-Schuld hinter dir.

Schulterklopfen
für Mama

Wir alle kennen das allgegenwärtige „Toll gemacht!", das freudestrahlende Eltern auf dem Spielplatz bei der kleinsten Aktion ihrer Kinder von sich geben. Ich muss gestehen, dass auch ich zu dieser Fraktion gehört habe. Während es früher das Schlüsselwort achtsamer, engagierter elterlicher Fürsorge war, gilt dieses ständige „Toll gemacht!" heute als überzogen und etwas überstrapaziert. Als ich vor vierzehn Jahren zum ersten Mal Mutter wurde, wollte ich um jeden Preis alles richtig (sprich *perfekt*) machen, also folgte ich dem Ratschlag, jede kleine Leistung meiner Tochter überschwänglich zu loben. Als begeisterter Eltern-Neuling war ich über jede neue Errungenschaft aus dem Häuschen und glaubte, meine Tochter müsse bestimmt irgendwie besonders begabt sein.

Zu dieser Zeit fühlte sich das natürlich und liebevoll an, aber die Forschung hat mittlerweile gezeigt, dass pauschales Loben von Nachteil für den inneren Antrieb deines Kindes sein kann. Es ist viel darüber geschrieben worden, wie dieses „Toll gemacht!" Kinder erzeugt, die für jede kleine Handlung Lob erwarten, egal, wie normal und banal sie sein mag. Heute wissen wir, dass es besser ist, echtes Bemühen oder ganz bestimmte Handlungen zu loben, um nicht die Entwicklung rechthaberischer, narzisstischer kleiner Flegel zu fördern. Ich kann diesen Effekt jetzt, da meine Tochter älter ist, mit mehr Klarheit sehen. Außerdem muss ich sagen, dass mich das ständige „Toll gemacht!" allmählich zu langweilen begann. Es fühlt sich viel besser an, Lob für ein bestimmtes Bemühen auszusprechen, als zu jedem beliebigen Anlass. Aber ich kann dir sagen, es war trotzdem eine schwer zu durchbrechende Gewohnheit, und sie kommt heute im Umgang mit meinem Kleinen gelegentlich immer noch zum Tragen.

Bewusst angebrachtes und sorgsam dosiertes Lob ist gesünder und kommt uns in Bezug auf unseren Nachwuchs meines Erachtens leichter und natürlicher über die Lippen. Etwas ganz anderes ist es allerdings, wenn es darum geht, uns als Mamas selbst zu loben. Meine Erfahrungen aus der Arbeit mit Mamas machen deutlich, dass wir ein selbstkritischer Haufen sind, und die Standards, die wir ans Muttersein anlegen, oft unerreichbar sind. Den Druck, den unsere Gesellschaft (vorsätzlich oder nicht) den Mamas auferlegt, für alles und jeden da zu sein (und dabei natürlich trotzdem gut auszusehen), kann man überall sehen – im Fernsehen, in Magazinen oder mit einem Klick auf Pinterest.

Ich sage, wir müssen uns selbst so auf die Schulter klopfen, wie wir es früher mit unseren Kindern gemacht haben. Da es uns typischerweise sehr schwer fällt, uns selbst so ungewohnt liebevoll zu behandeln, ist auch ein etwas übertriebenes Lob sicher noch keine Überdosis. Außerdem werden Mamas als etwas Selbstverständliches angesehen (keine Sorge, diese Phase hält nur so lange an, bis deine Kinder eigene Kinder haben – also vielleicht in rund zwanzig Jahren oder so); deshalb kann es Kraft spenden, uns selbst zu loben. Aber anstatt eines selbstgefälligen, irgendwie peinlichen „Toll gemacht!" schwebt mir eher ein dickes, fettes Schulterklopfen vor.

Die Achtsamkeitsübung „Schulterklopfen für Mama": Wann immer du etwas erledigt hast, das du typischerweise als normal und vorhersagbar ansiehst – etwa, ein paar Dinge auf deiner To-do-Liste abzuhaken –, spendiere dir selbst ein achtsames „Schulterklopfen für Mama". Nachdem du dir Zeit für Meditation, Gymnastik oder jedwede andere Art von Selbstfürsorge genommen hast, ist jetzt unbedingt das „Schulterklopfen für Mama" an der Reihe. Gelegentlich füge ich dem Lob an mich selbst auch mal ein stilles *Jawohl!* oder *Du hast es drauf!* hinzu. Wenn sich das anfangs auch ein wenig seltsam, maßlos oder gar leicht absurd anfühlen mag, ermutige ich dich doch dazu, es für einige Tage so gut wie möglich durchzuziehen und offen dafür zu sein, was sich daraus ergibt. Die Mütter, mit denen ich arbeite, lernen es in der Regel zu lieben. Wir sind so gut darin, die Erfolge anderer zu erkennen und zu würdigen, und so beklagenswert schlecht darin, uns selbst zu loben. Genauso, wie wir unsere Kinder zu einer positiven Haltung ermutigen wollen, sollten wir Mamas es auch mit uns selbst tun. Wenn du das anfängliche Unbehagen beim „Schulterklopfen für Mama" einmal überwunden hast, wird es zunehmend zu gesundem Verhalten und Selbstfürsorge anregen – exakt das Vorbild, das wir für unsere Kinder sein wollen. Also, ein Schulterklopfen für dich, Mama! Ich garantiere dir, dass du es längst verdient hast.

Krankheitstage

Eine Weisheit besagt, dass wir das unterrichten, was wir selbst am dringendsten lernen müssten. Absolut. Warum um alles in der Welt habe ich wohl dieses Buch geschrieben, liebe Leserin? Ja, natürlich möchte ich, dass du lernst, dein Leben mit Achtsamkeit zu erfüllen und all ihre wundervollen Begleiteffekte abzuschöpfen. Aber wenn ich absolut ehrlich zu uns beiden bin, habe ich es auch für mich selbst geschrieben. Als stetige Erinnerung. Denn auch ich brauche das. Du musst wissen, ich bin nicht immer die Beste darin, meinem eigenen Rat zur Entschleunigung zu folgen. Es ist eine ständige Herausforderung für mich. Achtsamkeitstraining unterstützt mich sicherlich dabei, auf ein vernünftiges Tempo zu entschleunigen, und das ist nur einer der Gründe, warum ich mich ihr verschrieben habe.

Katrina Alcorn, Autorin des Buches *Maxed Out: American Moms on the Brink*, schreibt über die bei Müttern weit verbreitete Krankenhaus-Fantasie. Offenbar gibt es viele Mamas, die so ausgepowert sind, dass die Vorstellung, ins Krankenhaus zu kommen, tatsächlich angenehm ist. Sie wünschen sich nicht, mit irgendeiner ernsten Erkrankung eingeliefert zu werden, um Himmels willen, aber eben kränklich und angeschlagen genug zu sein, um ihnen einige Tage Schlaf und dringend benötigte Ruhe zu bescheren. Klingt das absurd für dich? *Hmm, wenn ich so darüber nachdenke … Man hätte nicht nur erholsamen Schlaf, man bekäme auch drei anständige Mahlzeiten pro Tag direkt ans Bett serviert, die man ungestört im Liegen essen könnte. Auf sauberen Laken. Das klingt immer verlockender. Aber halt, vergiss es, dazu muss ich erstmal krank werden. Ich glaube, ich verzichte lieber.*

Ich muss allen Ernstes gestehen, dass es Zeiten gab, in denen ich so starken Schlafmangel hatte, dass auch ich diesen Krankenhaus-Fantasien verfiel. Vielleicht ging es dir auch so. Es ist ein schmerzhaftes Zeugnis über die uner-

> Wenn wir uns weigern, uns auszuruhen, bevor wir fertig sind, werden wir uns nie ausruhen, bevor wir sterben.
> —*Wayne Muller*

füllbaren kulturellen Erwartungen an Mütter, dass die Krankenhaus-Fantasie überhaupt existiert. Es ist offensichtlich, dass viele von uns ein schreckliches Verlangen nach etwas Erholung haben – und dennoch finden wir das nur akzeptabel, wenn wir krank genug sind, um eingeliefert zu werden. Wie bitte?

Ich bewerte nicht, ich reagiere nur, denn, noch einmal: Ich bin schuldig im Sinne der Anklage. Du musst wissen, dass es mir schwerfällt, mir zu erlauben, einfach nur herumzuliegen und Filme anzusehen, es sei denn, ich bin tatsächlich krank. Es scheint immer so viele andere wichtige und sinnvolle Dinge zu geben, die man stattdessen tun kann. Warum halte ich es erst dann für vertretbar, einen Tag lang nichts zu tun, wenn ich mich nicht auf der Höhe fühle? Genau wie wir alle, muss ich ständig an mir arbeiten.

Wenn ich also einen Krankheitstag in Form einer Erkältung erwischt habe, versuche ich die erzwungene Entschleunigung bewusst aufzunehmen. Ich versuche, es als die Art und Weise wahrzunehmen, auf die mein Körper mich wissen lässt, dass ich vorherige Warnungen, mein Tempo zu drosseln, nicht beachtet habe. Ich sehe eine Erkältung nicht nur als eine verordnete Ruhepause, die ich mir sonst nicht genommen hätte, sondern auch als Gelegenheit, von der täglichen Schinderei abzulassen und mir Zeit zu nehmen, um zu reflektieren und einen besseren Überblick über mein Leben zu gewinnen. Dasselbe gilt für die Krankheitstage meiner Kinder. Je nach Terminplan bin ich anfangs womöglich verstimmt über die Unannehmlichkeit, acht Patiententermine verschieben zu müssen, um zu Hause bei einem kranken Kind zu bleiben, gepaart mit ein paar Schuldgefühlen aufgrund der kurzfristigen Absage. Aber schon bald darauf mache ich mir bewusst, wie glücklich wir uns schätzen können, dass wir es nur mit einer kleinen Erkältung zu tun haben. Dann begreife ich die Zeit eher als eine willkommene Gelegenheit zum Kuscheln, Filmeschauen und als allgemeine Erlaubnis, nichts zu tun. Und es fühlt sich gut an, zu entschleunigen und ohne den Druck, etwas von der To-do-Liste abarbeiten zu müssen, den ganzen Tag zusammen zu verbringen. Es ist eine Veränderung der Prioritäten und der Einstellung. Und es fühlt sich trotz Kopf- und Halsschmerzen gut an. Krankenhausaufenthalt nicht nötig.

Die Achtsamkeitsübung „Krankheitstage": Versuche so gut du kannst, einen gelegentlichen Krankheitstag (ob für dich oder dein Kind) als willkommene Gelegenheit zu sehen, zu entschleunigen und zusammenzufinden. Stelle deine Tagesplanung um und nimm dir nur das vor, was absolut nötig ist. Kriech mit einer heißen Tasse Tee unter die Decke, lies diesen Stapel von Magazinen oder schalte tagsüber den Fernseher ein. Widerstehe dem Drang, produktiv zu sein. Kuschle mit deinem Kind. Lass locker.

Falls du das Glück hast, lange Zeit nicht krank zu sein, versuche, dir einen Krankheitstag zu erschaffen, obwohl du dich bester Gesundheit erfreust. Spiele einfach, dass du krank wärst, nur eben bei bester Gesundheit und ohne den ganzen Rotz und die Taschentücher.

Dein kleines Stück vom Paradies

Meine Schwiegermutter trägt ein entspanntes, erleuchtetes Lächeln im Gesicht, während sie auf ihrem sanftmütigen Pferd im leichten Galopp an mir vorbeireitet. Diese Erinnerung ist fünf Jahre alt; vor über drei Jahren haben wir sie an den Krebs verloren. Aber die Erinnerung ist hellwach und kommt in mir hoch, während ich meiner Tochter dabei zusehe, wie sie ihr Pferd ruhig und souverän trotten lässt. Mein Mädchen hat von ihrer Großmutter die Liebe zu Pferden geerbt, die von meiner Schwägerin geteilt und unterstützt wird. Das Stirnrunzeln meiner Tochter beim Erlernen einer neuen Pferdegangart wird von einem gelegentlichen Anflug dieses offenen Lächelns begleitet, das ihre Großmutter einst hatte.

Während ich mich zurücklehne und zusehe, nehme ich es deutlich als einen Augenblick des Lebensflusses, einen Augenblick der Freude wahr – eine der einzigen Arten von Momenten, die wirklich wichtig sind. Es ist ein Augenblick, der sich aus einer Kombination von Anstrengung, Herausforderung und Können zusammensetzt, in dem sie sich einer Sache hingibt, die sie liebt.

Manche von uns wissen sehr gut, was sie heiter stimmt, und haben es geschafft, sich während der hektischen Elternzeit darauf zu besinnen. Andere suchen noch danach – und fühlen sich dabei entweder als hätten sie es gemeinsam mit der sorglosen Zeit, bevor sie Kinder hatten, zurückgelassen, oder sie haben es womöglich noch gar nicht gefunden. Wenn ich Mama-Kolleginnen frage, womit sie sich gerne eine Freude machen, passiert es nur allzu oft, dass sie mit leicht geöffnetem Mund dasitzen, ins Leere starren und sich der Raum mit der sprichwörtlichen Stille füllt, bevor sie mich ansehen und verwundert und bestürzt „keine Ahnung" antworten. Das Leben ist so überfüllt, dass wir manchmal vergessen, es mit eigener Freude zu erfüllen. Aber es ist nie zu spät, damit anzufangen.

> Nichts hat psychologisch gesehen einen stärkeren Einfluss (...) auf Kinder als das ungelebte Leben der Eltern.
> —Carl Jung

Ich sehe es im Gesicht meines Kleinen, wenn er sorglos einen Wanderweg entlangläuft, bei meinem Mann, wenn er in seine Musik versinkt, und bei mir – ich fühle, wie ein Lächeln auf meinem Gesicht erstrahlt, wenn ich meine frühmorgendliche Fahrradfahrt starte. Ich liebe die kräftezehrende Anstrengung, die Hügel hinaufzufahren und den Geschwindigkeitsrausch, wenn ich die kurvigen kleinen Straßen hinabrolle. Ich liebe die Ruhe und den Frieden inmitten von Mutter Natur. Ich liebe einen schwül-warmen Morgen, die kernig-frische Luft kühlerer Tage und auch die kalten Tage, die nach Handschuhen schreien. Das ist meine Wohlfühlzeit, meine Zeit, um zu spielen und mich selbst herauszufordern.

Die Zeit auf dem Fahrrad ist mir heilig und durch sie kann ich mich erneuern. Nach weniger als einer Stunde kehre ich glücklich und erfüllt nach Hause zurück und bin bereit, den Tag anzugehen. Meine Familie kann die Ruhe, die ich aus dieser Zeit schöpfe, mühelos spüren. Ich schütze sie für mich selbst, für sie, und für die Freude. Es ist ein kleines Stück vom Paradies.

Mögest auch du dein kleines Stück vom Paradies finden und achten. Mögest du die Zeit finden und schützen. Mögest du deinen Fluss anregen und ihn pflegen. Und solltest du mir unterwegs begegnen, bin ich wahrscheinlich die mit dem kindlichen Grinsen auf dem Gesicht, die sich wie wild abstrampelt.

Die Achtsamkeitsübung „Dein kleines Stück vom Paradies": Wenn du das Glück hast, zu wissen, was deine Leidenschaften sind, nimm dir Zeit, sie auszuleben und zu genießen. Wir müssen die Bedingungen dafür schaffen, mehr von diesen Augenblicken in unser hektisches Leben einfließen zu lassen. Hole deinen Partner mit an Bord, nimm dir einen Babysitter oder wechsle dich beim Babysitten mit Freunden ab. Falls es sich egoistisch anfühlt, deinen Interessen ein bisschen kostbare Zeit zu widmen, lese vielleicht nochmal ein bisschen im Kapitel über die Achtsamkeitsübung „Hast du Mama-Schuldgefühle?" (Seite 147).

Wenn du dir nicht sicher bist, wie du in diesen Zustand des Flusses kommst, ermuntere ich dich, auf die Augenblicke zu achten, in denen du unwillkürlich lächelst. Was hast du als Kind gerne gemacht? Was hast du gerne gemacht, bevor du Kinder hattest? Wobei hast du die Zeit vergessen und etwas einfach nur genossen? Wenn das nicht sofort deutlich ist, bleib dran, komm raus aus deiner Komfortzone. Letztendlich wird der Fluss kommen. Du wirst es spüren, wenn es soweit ist. Und wenn du das, was für dich ein Stück vom Paradies ist, erkennst oder aufs Neue entfachst, sichere dir eine gute Portion davon. Du und deine Familie werdet in eurer Pracht erstrahlen.

Nach dem Wutausbruch (deinem)

Erinnerst du dich an Momente, in denen du die Fassung verloren und dein Kind in scharfem Ton angeschrien hast? An Momente, in denen du deinem Kind Tränen und im schlimmsten Fall die Angst in die Augen getrieben hast? Wahrscheinlich willst du dich lieber nicht daran erinnern. Kann ich verstehen. Auch mich überkommt allein beim Tippen dieser Zeilen ein Schamgefühl. Ich vermute, wir alle sind mal an diesem Punkt gewesen. Es gibt kaum schlimmere Momente für Eltern, als eben jene, in denen wir es total vermasselt haben. Denn egal, wie unsere Kinder sich verhalten, wie ärgerlich und zum Verrücktwerden sie sich manchmal benehmen können, der Verlust unserer Selbstkontrolle und dessen Nachwirkungen fühlen sich für alle Beteiligten immer furchtbar an. Und wenn wir uns nicht bewusst machen, wie es zu dem Wutausbruch kommen konnte, können sich diese Muster verfestigen und wir wiederholen unser verletzendes Verhalten gegenüber unseren Familien und uns selbst.

Ich kenne mich selbst gut genug, um zu erkennen, dass ich in meiner Mutterrolle immer genau dann versagt habe, wenn ich physisch und emotional verausgabt war. Kommt zu der Erschöpfung dann noch ein Gefühl von Hilflosigkeit, ist die Kombination noch tückischer für mich. Mein Sohn, der nie ein besonders guter Schläfer war, hatte vor Kurzem eine altersentsprechende Phase, in der er mindestens einmal pro Nacht mit schlechten Träumen aufgewacht ist. Bei den ersten Malen war ich die liebevoll beruhigende und mitfühlende Mama, die ich sein möchte. Mein Mann

> Selbstmitgefühl ist deiner Motivation sehr zuträglich. Du lässt deine Kinder nicht fünf große Eisbecher essen, weil du dich um sie kümmerst. Mit Selbstmitgefühl kümmerst du dich um dich selbst. Du tust das, was gesund für dich ist und lässt das Ungesunde.
>
> —*Kristin Neff*

und ich haben uns abwechselnd gekümmert. Aber wenn ich nachts geweckt werde (egal, ob ich jetzt zu meinem Sohn gehe oder nicht), springt mein Kopf an und es braucht Zeit, bis ich mich beruhigen und wieder einschlafen kann.

Die dritte unterbrochene Nacht in Folge hat bei mir dann aber das Fass zum Überlaufen gebracht. Anstatt zu meinem kleinen Jungen zu gehen und ihn sanft zu beruhigen, ist mir die Hutschnur gerissen und es sprudelte frustriert aus mir heraus: „Es reicht! Wir müssen schlafen!" Ja, diese Mama auf Schlafentzug kann beängstigend sein. Ich bin mit Sicherheit nicht stolz darauf, aber ich verdränge es auch nicht. Ich habe ein Problembewusstsein, und wenn ich diese Emotionen in mir aufkommen spüre, gebe ich mein Bestes, mich positiv anzuleiten. Leider gibt es trotzdem immer wieder Momente, in denen mir dieses Bewusstsein abhanden kommt, ich mich von meinen Emotionen und Gedanken überrollen lasse und dann auf eine Art und Weise reagiere, für die ich mich später schäme.

Scham- und Schuldgefühle sind nicht dasselbe. Schuld drückt sich als niederdrückende Empfindung im Bauch aus, eine Reaktion auf schlechtes Verhalten. Scham hingegen äußert sich in verschiedenen starken Körperempfindungen und ist vom Gedanken begleitet, dass wir uns selbst als ganze Person infrage stellen. *Was für eine Art Mutter bist du überhaupt? Offensichtlich eine schreckliche. Sieh, was du angerichtet hast!* Schuldgefühle können uns zeigen, wo wir vielleicht unser Verhalten ändern sollten. Auch wenn sie noch so unangenehm sind, können sie uns dabei helfen, uns weiterzuentwickeln und zu wachsen. Scham wird hingegen oft begleitet von Empfindungen wie einem Druckgefühl in der Brust, einem ekelhaften Gefühl im Bauch sowie von endlosen Selbstbeschuldigungen. Scham entfaltet die gewaltige Kraft eines außer Kontrolle geratenen Kleinkindes inmitten eines Wutanfalls und ist in der Lage, ein Eigenleben zu entwickeln, wenn wir uns ihrer nicht bewusst sind.

Um also besonnen handeln zu können, gilt es vor allem, sich in achtsamer Selbstwahrnehmung zu üben. MIT MITGEFÜHL. Ich betone die Bedeutung von MITGE-FÜHL hier so, damit dir dieser so zentrale Punkt nicht entgeht. Denn Bewusstsein ohne Selbstmitgefühl führt in der Regel einfach zu noch mehr Scham und der Kreislauf der Selbstbeschuldigungen geht weiter.

Wenn wir unser Schamgefühl hingegen eingestehen und anerkennen, können wir uns verzeihen. Dies bedeutet nicht, sich einen Freifahrtschein auszustellen, um das nächste Mal auf die gleiche unliebsame Weise zu handeln. Ganz im Gegenteil. Dieses Stück Selbstreflexion und Fürsorge verschafft uns einen Moment Zeit, um Verantwortung für unser Handeln zu übernehmen und der nächsten Erziehungssituation vielleicht mitfühlender zu begegnen.

Dein Zusammenbruch oder deine Fehleinstimmung, wie Shauna Shapiro und Chris White es nennen, kann also eine wertvolle Lernmöglichkeit für dich und auch dein Kind sein. In *Mindful Discipline: A Loving Approach to Setting Limits and Raising an Emotionally Intelligent Child* schreiben Shapiro und White: „Wenn wir uns von einer Fehleinstimmung erholen – insbesondere in emotional turbulenten Zeiten – und uns mit unserem Kind wieder verbinden, erleben wir, dass wir trotz Differenzen unseren Weg zurück zur Liebe finden können."

Aber nochmal zurück zu meiner gruseligen Mami-Geschichte. Nachdem ich mich mit Selbstmitgefühl beruhigt hatte, schloss ich den Kleinen in meine Arme, entschuldigte mich und begann, mir selbst zu vergeben, weil ich wusste, es schon bei der nächsten Gelegenheit besser machen zu können. Wir fordern unsere Elternkompetenz heraus, entwickeln uns weiter, erkennen unsere Unzulänglichkeiten an, akzeptieren sie und versprechen uns und unseren Kindern aufrichtig, es beim nächsten Mal besser zu machen.

Die Achtsamkeitsübung „Nach dem Wutausbruch (deinem)":
Wie so oft helfen nun ein paar tiefe Atemzüge, um sich selbst im gegenwärtigen Moment, anstatt in dieser negativen Gedankenschleife zu erden. Atme also konzentriert ein und aus und mache dir all deine Körperempfindungen bewusst. Wie würdest du dein Gefühl in Brust, Bauch und Kopf beschreiben? Welche Emotionen nimmst du wahr: Wut, Traurigkeit, Scham? Lege dir die flachen Hände aufs Herz, spür die Wärme deiner Handflächen und atme nochmals tief ein und aus. Erlebe das Selbstmitgefühl und die Freundlichkeit, die in dieser Geste stecken. Es ist in Ordnung, wenn sich das Ganze anfangs merkwürdig

anfühlt, nimm aber auch das wahr. Für viele von uns mag es sich ungewohnt anfühlen, sich so zu behandeln, aber das gibt sich mit der Zeit. Behandle dich wie ein Kind, das ständig lernt und wächst, denn das Gleiche gilt auch für uns Eltern. Auch wir entwickeln uns immer weiter. An manchen Tagen magst du dich vielleicht überfordert, erledigt und angeschlagen fühlen. Wenn du in solch einer Phase steckst, lies eventuell nochmal die Achtsamkeitsübungen „Auch das geht vorbei" (Seite 101) und „Schulterklopfen für Mama" (Seiten 149–150). Nicht um die Folgen des Zusammenbruchs zu ignorieren oder zu vermeiden, sondern als eine Möglichkeit, die negativen Gedanken, Emotionen und Körperempfindungen auszugleichen. Gib dein Bestes, um aus deinem Zusammenbruch zu lernen und schaue nach vorne. Mit Achtsamkeit haben wir die Chance, in jedem neuen Moment neu zu beginnen. Atme und fange an …

Feiertage

Egal, ob Geburtstag, Weihnachten oder Halloween, die meisten von uns versuchen, unseren Kindern unvergessliche Feiertage zu bereiten. Natürlich sind wir von den Medien mit Bildern sich perfekt benehmender, perfekt frisierter und in jeder Hinsicht perfekter Familien überschwemmt. Es ist verlockend, sich das Gleiche zu wünschen. Wenn die wunderschöne Familie in dem Werbespot an einem wunderschön geschmückten Esstisch sitzt, der mit köstlichem Essen gedeckt ist, und die Kinder ein gemütliches Festessen mit einem Lächeln auf den Gesichtern genießen, warum kann ich das nicht auch haben?

Ach ja, stimmt, weil meine Familie echt – also nicht so perfekt – ist. Und ich schätze all unsere schönen Unvollkommenheiten und das altersentsprechende Verhalten meiner Kinder. Naja, wenigstens arbeite ich daran. Letztlich geht es einfach um realistische Erwartungen, das heißt um eine Senkung der Erwartungen. Denn schließlich sind es eher diese unrealistischen Erwartungen als die Bedingungen selbst, die die meisten Enttäuschungen auslösen. Nehmen wir zum Beispiel Geburtstage. Ich empfand es immer als unangemessen, seinen eigenen Geburtstag zu planen, aber nachdem ich mich jahrelang leicht enttäuscht fühlte, beschloss ich, die Dinge selbst in die Hand zu nehmen. Vor ein paar Jahren fing ich an, mir den Tag freizunehmen, um meine eigene Feier zu gestalten. Mir geht es weniger um die Geschenke als darum, den Tag draußen, inmitten der Natur zu verbringen.

Mein Mann schließt sich mir freiwillig an, um den, wie er sagt, halbjährlichen „Versuch, deinen Mann zu töten"-Tag zu verbringen. (Wir feiern auch unseren Hochzeitstag, daher die Halbjährlichkeit.) Es ist nicht so schlimm, wie es klingt. Wir machen uns am frühen Morgen auf den Weg zu einer Wan-

> Loslassen bedeutet, auf Zwang, Widerstand oder Kampf zu verzichten, zugunsten von etwas Stärkerem und Ganzheitlichem.
> —*Jon Kabat-Zinn*

derung oder Radtour. Wenn wir müde werden, genießen wir ein spätes Mittagessen, bevor wir zu den Kindern nach Hause zurückkehren. Am Abend gibt es – für mich und meine kleine Familie – ein hausgemachtes Abendessen meines kulinarisch begabten Mannes, gefolgt von einem Ausflug in die örtliche Eisdiele (worauf ich mir angewöhnt habe, meine eigene Kerze mitzubringen), damit meine Familie „Happy Birthday" für ihre müde, aber glückliche Mutter singen kann.

Die Feiertags-Achtsamkeitsübung: Zuallererst einmal solltest du deine Erwartungen senken. Jeder wird von mehr Lockerheit profitieren, auch du. Mach dir also bewusst, was überhaupt in deiner Kontrolle liegt und was nicht. Plane so gut du kannst – warte nicht, bis jemand anderes deine Gedanken liest. Lass die Dinge sich dann entwickeln, in welche Richtung auch immer. Wenn die Dinge nicht so laufen, wie geplant, wenn dich das Verhalten von jemandem anspannt oder reizt, dann versuche, offen zu bleiben und diese Ereignisse zu akzeptieren. Im Rückblick sind es nämlich oft die unvollkommensten Momente, die uns mit Nostalgie erfüllen. Setze also, so gut du kannst, den Rahmen und überlasse den Rest sich selbst. Lehn dich zurück, atme, schaue zu, nimm teil und genieße. Der Werbespot hat seine Realität, du hast deine eigene.

KAPITEL V

Mit der Welt in Verbindung treten

Dieses Kapitel enthält Achtsamkeitsübungen, die dazu gedacht sind, deinen Optimismus, deine Dankbarkeit und
deine Ehrfurcht zu stärken, indem du dich
mit der Natur, anderen und dir selbst auf
eine achtsamere, liebevollere Weise verbin-
dest. Experimentiere damit, deine achtsame
Praxis in die Welt hinauszutragen. Sie wird
dein Herz öffnen und dir Achtung vor denen
geben, denen du begegnest.

Dankbarkeit

Parallel zur wachsenden Unabhängigkeit meiner jugendlichen Tochter tauchte neben Selfies und Glätteisen in jüngster Zeit der Begriff „Verhaltensänderung" in unserem Haushalt auf. Sobald sich ein Hauch von jugendlicher Frechheit in ihren Umgangston einschleicht, erinnern mein Mann und ich vorsichtshalber an die Bedeutung von gegenseitigem Respekt. Natürlich rechne ich in ihrem Alter aber mit ein wenig Trotz und bin insgeheim auch amüsiert über ihre dramatischen und zynischen Seiten. Wie demütigend, daran erinnert zu werden, dass meine Einstellung gelegentlich auch einer Anpassung bedarf.

Ein Leser des *New York Times Motherlode-Blogs* fragte kürzlich, warum sich die Eltern von heute so sehr über die Erziehung beschweren: „Genießt denn keiner von euch das gewählte Leben? Danach hört es sich jedenfalls nicht an." Ich ging in mich und befragte mich selbst. Zählt das Schreiben über achtsame Mutterschaft als Jammern und Beschweren? Wie verhält sich diese negative Einstellung zu meinem Familienleben? Diese provokante Frage erinnerte mich an die Zeiten, die ich für so selbstverständlich genommen habe und an die andauernde Dankbarkeits-Achtsamkeitsübung, die ich als Mittel gegen Selbstzufriedenheit benutze.

Ich mag es, mich am Ende meiner formalen Meditation in Dankbarkeit zu üben, denn dann bin ich normalerweise besonders ruhig und offenherzig. Im Laufe der Zeit habe ich bemerkt, wie sich meine Perspektive dadurch subtil verschoben hat. Von etwas so Einfachem wie einer heißen Tasse Kaffee bis hin zu etwas so Wertvollem wie der Gesundheit meiner Kinder, versuche ich, die Aufmerksamkeit auf das zu lenken, was mir lieb und teuer ist, es zu genießen und zu schätzen. Ich habe auch andere positive Effekte aus dieser Achtsamkeitsübung bemerkt. Dinge, die ich einst kaum wahrgenommen habe, wie

> Die Freude, die nicht davon abhängt, was passiert, ist die Freude, die aus Dankbarkeit entsteht.
> —*Bruder David Steindl-Rast*

beispielsweise die Interaktion meines Mannes mit unseren Kindern, laden mich jetzt dazu ein, kurz innezuhalten und aufmerksam zu werden.

Unsere jugendliche Tochter kuschelt sich immer noch gerne an ihren Vater, um auf der Couch einen Film zu sehen. Ich freue mich, weil ich weiß, dass diese Verbundenheit ihr immer Vorbild für eine liebevolle Beziehung sein wird. Sie strahlt vor Stolz, wenn sie von ihm zu einem langen Lauf mitgenommen und ermutigt wurde. Unser kleiner Kerl liebt es, mit seinem Vater an der Gitarre zu rocken, während er in die Trommeln haut. Unsere Kinder können sich glücklich schätzen, einen so liebevollen, zugewandten und verspielten Vater zu haben. Diese herzerwärmenden Momente wahrzunehmen, stärkt automatisch meine Liebe und Wertschätzung für ihn.

Wir alle sollten gelegentlich unsere Einstellung überdenken. Sich regelmäßig in Dankbarkeit zu üben, hilft uns, den von uns gewählten Alltag zu genießen, weniger unzufriedener Teenie und mehr die aufmerksame Mutter zu sein, die wir anstreben.

Die Dankbarkeits-Achtsamkeitsübung: Egal, ob du diese Achtsamkeitsübung an deine fünfminütige angeleitete Meditation anhängst oder als eigenständige Übung am Tag hinzufügst, halte zuerst inne und atme ein paar Mal tief durch. Frag dich, wofür du gerade dankbar bist. Achte auf deine Körperempfindungen. Wenn deine Gedanken ins Negative abrutschen, leite sie für diesen Moment sanft zur Dankbarkeit zurück. Erzwinge nicht, dafür dankbar zu sein, wofür du glaubst, dankbar sein zu müssen. Es gibt kein Richtig oder Falsch. Was dir in den Sinn kommt, kann vorhersehbar sein oder dich überraschen. Es ist aber auch in Ordnung, täglich für dieselben Dinge dankbar zu sein, solange du dich wirklich mit ihnen verbunden fühlst. Stärke und dehne deinen Dankbarkeitsmuskel.

Wenn du einen Monat lang täglich diese Achtsamkeitsübung machst, wirst du eine positive Veränderung in deiner kontinuierlichen Wertschätzung feststellen. Die Forschung zeigt, je mehr wir uns in Dankbarkeit üben, umso mehr trainieren wir unseren Geist und werden uns des Guten in der Welt bewusst. Beherzige und genieße dies und teile es mit deinen Kindern. Pflanze und gieße diesen Samen und siehe, wie deine Dankbarkeit wächst und gedeiht.

Unangenehme Momente

Errätst du die Lebensdauer eines Gefühls, wie lange es nach seinem Entstehen bei dir bleibt? Neunzig Sekunden. Erzähl das mal meinen Emotionen, die so oft tun, als hätten sie die Info nie erhalten. Neunzig Sekunden. Schwer zu glauben? War es für mich auch.

Jill Bolte Taylor, promovierte Neuroanatomin und Autorin von *My Stroke of Insight,* fand heraus, dass die natürliche Lebensdauer einer Emotion nur eineinhalb Minuten beträgt. Nach meiner Einschätzung bedeutet dies, dass die durchschnittliche Zeit der Reise einer Emotion durch unser Nervensystem der einer Wehenkontraktion entspricht. Unsere Emotionen sind auch vergleichbar mit Wehen, die sich aufbauen und dann wieder abebben. Ich empfinde das als einen unglaublich beruhigenden Gedanken inmitten eines emotionalen Sturms. Schließlich sollten wir das für neunzig Sekunden aushalten können.

Aber hier liegt auch der Haken. Die Emotion wird nämlich nur nachlassen, wenn wir kein weiteres Öl in das bereits wütende Feuer gießen. In der östlichen Philosophie wird dies als Schießen des zweiten Pfeils bezeichnet. Der erste Pfeil sind die Herausforderungen des Lebens, die nicht in unserer Kontrolle liegen. Der zweite Pfeil wird geschossen, wenn wir zusätzliches Leiden auf den ursprünglichen Schmerz schütten.

> Das Leben ist schmerzhaft. Das Leiden ist optional.
> —*Sylvia Boorstein*

Hier ist ein Beispiel. Während ich an einem hellen Sonntagnachmittag im Winter schreibe, erholen wir uns hier in der Gegend gerade langsam von einem Rekordschneesturm, der seit Freitagabend einen knappen Meter Schnee abgeladen hat. Bei Windgeschwindigkeiten von 65 km/h und Temperaturen gegen Null gab es während dieses Sturms nicht die Möglichkeit, nach draußen zu gehen. Meine Familie war daher eine unüblich lange Zeit im Haus. Drei von uns mit Erkältungen, einer von uns mit der unendlichen Energie eines Vierjährigen, einer von uns ein Teenager mit wenig Toleranz für die Energie eines Vierjährigen, einer von uns den Großteil des Tages draußen, den Schnee mit Pflug und Schaufel bekämpfend, und eine von uns mit einer bevorstehenden Abgabefrist für ein Manuskript. *Schluck.*

Normalerweise schreibe ich den Großteil des Samstags in meiner ruhigen Therapiepraxis, musste von diesem Plan aber heute Abstand nehmen, als ich den Schnee vor meinem Fenster sah. Also zog ich mich nach einem gemütlichen Frühstück in mein Home-Office zurück (ungünstig gelegen inmitten des geschäftigen Hauses) und hoffte, hier Zeit zum Schreiben zu finden. Ich dachte mir, wenn ich nur zwei Stunden schaffen würde, könnte ich mich entspannen und den Rest des eingeschneiten Tages mit meiner Familie genießen. Theoretisch ein super Plan. Doch einige Stunden und unzählige Störungen später war ich nur noch ein meckerndes und frustriertes Durcheinander. Bis zum Mittag hatte ich weder einen einzigen guten zusammenhängenden Satz geschrieben, noch hatte ich Zeit mit meiner Familie verbracht. Ich war abgelenkt, mürrisch und eine sehr schlechte Gesellschaft. Ich war mir dessen bewusst, aber die Unfähigkeit, mein Laune zu ändern, führte nur zu noch mehr Frustration.

Der erste Pfeil in diesem Szenario war meine Unfähigkeit, unter dem Druck einer bevorstehenden Frist fokussierte Schreibzeit zu finden. Natürlich etwas unangenehm, aber hätte ich eine Achtsamkeitsübung für unangenehme Momente (Seite 171) gemacht, hätte ich es nur mit diesen neunzig unglücklichen Sekunden zu tun gehabt. Machbar. Erledigt.

Leider habe ich nicht rechtzeitig gehandelt und so automatisch den zweiten Pfeil (und den dritten, vierten und fünften) abgeschossen. Der zweite Pfeil entspricht der Geschichte, die wir uns über die Herausforderung erzählen. Es ist der Dialog, das Urteilen und der Widerstand, die wir einer bereits schmerzhaften Situation hinzufügen, und dadurch bleiben wir im emotionalen Sturm stecken. Da ich eine Unterbrechung nach der nächsten ertragen musste, sahen meine Gedanken in etwa so aus: *Du willst noch eine heiße Schokolade? Du hast schon wieder Hunger? Was soll die Sch***. Ich muss an meinen Computer. Das funktioniert so nicht! Ihr müsst lernen,* *alleine zu spielen. KEIN FERNSEHEN MEHR!* Und so weiter und so fort. Obwohl ich vielleicht nicht genau diese Worte laut gesagt habe, hat meine Familie die generelle Botschaft laut und deutlich bekommen.

Du verstehst schon. Findest du, ich war peinlich und habe übertrieben? Ganz sicher, und wir machen das dauernd. Beobachte einfach mal deinen Verstand, wenn sich das nächste Mal Schwierigkeiten ergeben. Das ist ein demütigendes Bild der menschlichen Existenz.

Wenn wir den zweiten Pfeil erkennen, ihn benennen und erlauben (er ist ja sowieso schon da), können wir seinen Einfluss auf uns völlig verändern. Im Nachhinein hätte ich mir meinen Druck und meine Frustration bewusst machen sollen und dann meine Schreiberwartungen für den Tag korrigieren sollen, sobald klar war, dass ich das Haus heute nicht verlassen würde. Durch diese realistischere Einschätzung hätte ich meine Aufmerksamkeit und Energie für meine Familie übrig gehabt. Es wären nur neunzig Sekunden Frust gewesen, ohne zweiten Pfeil.

Dies ist natürlich nur ein Beispiel für eine kleine unangenehme Situation. Aber was ist mit den wirklich unangenehmen Momenten – denen, die erschreckend, herzzerreißend oder wutentbrannt sind? Wie gehen wir mit ihnen um? Was ist, wenn sie zu überwältigend, zu intensiv werden? Letztlich begegnen wir ihnen auf die gleiche Weise.

Zuerst einmal haben wir immer die Atemtechnik, weshalb die Atmung auch den gemeinsamen Schwerpunkt der Meditationen bildet. Die Atmung kann unserer Aufmerksamkeit als Anker dienen, nicht um die intensiven Emotionen zu vermeiden, sondern um uns so weit zu beruhigen, dass wir uns dem unangenehmen Gefühl zu stellen vermögen. Ich vergleiche diesen Ansatz mit dem Atmen während der Geburt. Weil Wehen so unglaublich stark sind, ist es leicht, sich in ihrer Intensität zu verlieren. Die Atmung zu fokussieren, erlaubt uns hingegen, so lange durchzuhalten, bis die Kontraktion wieder nachlässt. Wenn wir uns erinnern, uns auf das Einatmen und Ausatmen zu konzentrieren, bis die Intensität vorübergeht, können wir jeden emotionalen Sturm durchschreiten.

Die Achtsamkeitsübung für unangenehme Momente: Wenn du es mit kleineren Unannehmlichkeiten zu tun hast, achte auf deine Körperempfindungen. Wir verfügen über ein Art Frühwarnsystem, das uns bei der Identifizierung von aufkommenden Konflikten behilflich sein kann. Kannst du dich für diese Muster sensibilisieren? Wenn du bemerkst, dass unangenehme Körperempfindungen auftreten, lenke deine volle Aufmerksamkeit auf sie und beobachte die Feinheiten, die sich verändern. Diese Sensibilität nimmt dir die Unannehmlichkeiten zwar nicht, erlaubt uns aber, innezuhalten und zu entscheiden, wie wir auf die Herausforderung reagieren wollen.

Wird die Situation intensiver und überwältigender, dann erinnere dich zuerst daran, dass dieser emotionale Sturm nur neunzig Sekunden dauern wird, wenn du dich sanft auf deinen Körper oder den Atem konzentrierst. Nimm so gut du kannst ein paar lange, tiefe Atemzüge und entspanne deinen Körper. Erde und verankere dich im Gefühl des Ein- und Ausatmens. Intensive Emotionen sind unsere natürliche Reaktion auf etwas Unangenehmes. Versuche ihnen also nicht zu widerstehen, sondern sie zu akzeptieren, damit du an ihnen arbeiten kannst. Akzeptanz ist allerdings auch nicht gleichbedeutend mit Billigung oder Indifferenz. Ob du willst oder nicht, diese Gefühle sind nunmal hier. Erträgst du es, dich ihnen zu stellen und sie zuzulassen? Je aufmerksamer und ruhiger du bleibst, desto eher wird der Sturm vorübergehen. Du magst die Unannehmlichkeiten zwar immer noch spüren, aber du bist jetzt in der Lage, bewusst zu entscheiden, wie du reagieren willst.

Schenke dir bei dieser Achtsamkeitsübung viel Mitgefühl. Selbstmitgefühl ist eine Lebensaufgabe und bedarf Geduld und Respekt. Mögest du Trost in seiner Anwendung finden und der zweite Pfeil in deinem Köcher bleiben.

Entzückung
der Sinne

Ich weiß nicht, wie es bei dir ist, aber ich bin immer voller Energie und Optimismus, wenn der Frühling zurückkommt. Mit den ersten Sonnenstrahlen, dem Vogelgezwitscher und den Blumen wachen auch meine Sinne plötzlich wieder auf.

Wenn das Wetter es zulässt, packe ich meinen Sohn jeden Tag im Jahr in den Kinderwagen und gehe mit ihm die immer gleiche Runde durch die Natur. An manchen Tagen bin ich so in Gedanken versunken, dass ich die Zeit dabei ganz vergesse. Wir haben dann zwar unsere tägliche Dosis an frischer Luft, Bewegung und Vitamin D bekommen, aber leider habe ich die Gelegenheit verpasst, Mutter Natur dabei zu genießen.

Heute habe ich meine Aufmerksamkeit jedoch einmal bewusst auf die ersten Frühlingsboten gerichtet. Mein Sohn hat mir dabei geholfen. Wir haben uns auf unseren Gehörsinn konzentriert und ein singendes Rotkehlchen, einen krähenden Hahn, einen klopfenden Specht, Hundegebell, einen gurgelnden Bach sowie ein Flugzeug hoch über uns wahrgenommen. Es war herrlich und verwandelte eine gewöhnliche Wanderung in ein Fest für die Sinne.

> Diejenigen, die Sonnenschein in das Leben anderer bringen, können ihn auch vor sich selbst nicht verbergen.
> —James M. Barrie

Diese konzentrierte Aufmerksamkeit ist gelebte Achtsamkeit und fühlt sich an, als würde man die Welt mit einer neuen Perspektive sehen. Sich diese Aufmerksamkeit für unsere Umgebung zu bewahren, wird mit den Jahren und der Zahl unserer Pflichten immer schwieriger, genau wie auch mit den warmen Sommerwochen, die ins Land ziehen. Wenn sich unser Körper und Geist akklimatisiert haben, nehmen wir die grüne Landschaft und den Sonnenschein als selbstverständlich hin. Wir haben jedoch die Wahl, weiter mit dem Autopiloten zu fliegen, oder anzuhalten und buchstäblich die Rosen zu riechen. Wann immer möglich, gehe also nach draußen und genieße deine Sinne.

Die Achtsamkeitsübung „Entzückung der Sinne": Unabhängig von Wetter und Jahreszeit, trete für einige Augenblicke nach draußen und genieße den Anblick, als sei es das erste Mal. Beobachte einfach nur. Höre aufmerksam auf die Geräusche um dich herum. Achte auf Geräusche in nah und fern oder auf die Stille. Was ist mit Gerüchen? Sind sie unangenehm, angenehm oder neutral? Achte auf die Temperatur. Spürst du die Wärme der Sonne? Die Feuchtigkeit des Regens? Die Spannung in der Luft vor einem drohenden Sturm? Beziehe auch die Kinder mit ein. Fordere sie auf, ebenfalls so viel wie möglich zu beobachten. Wenn ihr diese Achtsamkeitsübung zur einer Gewohnheit macht, werden sie ebenfalls bewusster leben und ihrer Umgebung mit Wertschätzung und Ehrfurcht begegnen.

Gut genug

Lass „gut genug" gut genug sein und verabschiede dich vom Perfektionismus. Den meisten von uns wird genau das am schwersten fallen. Unsere Kinder groß-zuziehen, ist für viele von uns das größte Unterfangen überhaupt. Deshalb nehmen wir es natürlich sehr ernst. Besonders schwierig ist dies wohl für erstmalige Mütter.

Als ich mit meiner Tochter schwanger war, las ich alles über Erziehung und woll-te mich so gut wie möglich vorbereitet fühlen. Wie wir alle wissen, kann uns das aber nie vollständig auf die tatsächliche Elternschaft vorbereiten. Ich habe mir so viel unnötigen Druck gemacht, die richtigen Entscheidungen zu treffen, von denen sich viele später als belanglos entpuppten. Der selbst auferlegte Druck machte mich jedoch unnötig ängstlich und nahm mir letztlich die Fähigkeit, einfach zu genießen.

Vielbeschäftigte Mütter haben sich zu viel vorgenommen. Der Druck, den wir auf uns selbst ausüben, ist enorm. Ob zu Hause oder außerhalb, die meisten Frauen wollen ihren Kindern viele Angebote machen, sie unterhalten, nebenbei den Haus-halt schmeißen, Partnerschaft und Freundschaften pflegen, die besten Snacks (kre-ativ und gesund – vielen Dank, Pinterest) für das Schulfest vorbereiten, freiwillige Dienste übernehmen, fit und jung aussehen und bei alledem wunderschön lächeln.

Durch den Einfluss der sozialen Medien und unsere schnelllebige Gesellschaft verfallen wir leicht der Illusion, alle anderen bekämen all dies unter einen Hut. Vielbe-schäftigte Mütter leiden oft unter einer Form des Hochstapler-Syndroms, jenem fälsch-lichen Glauben, andere seien kompetenter und unsere grobe Unzulänglichkeit würde letztlich auch entdeckt werden. In Wahrheit haben wir alle Phasen, in denen wir unsere vielen Rollen behände jonglieren können,

> Es ist zugleich am schwersten und ver-blüffendsten, den Perfektionismus an den Nagel zu hängen und endlich du selbst zu sein.
>
> —Anna Quindlen

und Phasen, in denen sich alles instabil und brüchig anfühlt. In *Maxed Out* zitiert Katrina Alcorn eine Freundin: „Die Grenze zwischen ,Alles ist in Ordnung' und ,Ich bin kurz vor dem Zusammenbruch' ist so dünn. […] Ein weiterer Tropfen bringt das Fass zum Überlaufen. […] Ein Stoß in die falsche Richtung, und alles bricht zusammen." Der Versuch, die perfekte Fassade aufrecht zu erhalten, führt letztendlich zu Burnout, Apathie, Depression, Angst und dem permanenten Kampf mit dem Gefühl, nie gut genug zu sein.

Begreifen wir aber, dass dem äußeren Anschein zum Trotz niemand alles alleine schafft, ohne äußere Hilfe oder ohne eben irgendwann auszubrennen, dann können wir uns von diesen äußeren Bildern und unrealistischen Ansprüchen emanzipieren. Ich habe mich in den letzten vierzehn Jahren daran aufgerichtet zu sehen, dass meine Tochter (bisher) ganz gut ins Leben startet, aber ich kämpfe immer noch gelegentlich mit diesen Ansprüchen. Müttern, die zu viel von sich verlangen, sage ich oft, dass gut genug großartig ist. Perfektionismus und unrealistische Erwartungen an uns, unsere Ehepartner und Kinder bringen uns so schnell nicht weiter.

Die Achtsamkeitsübung „Gut genug": Sei wachsam, wenn perfektionistische Gedanken in dir aufkommen, wenn du denkst, deine Leistung oder deine Kinder seien nicht gut genug. Zu den Begleiterscheinungen des Perfektionismus gehören oft angespannte Muskeln und ein Mangel an Freude. Kannst du deine Erwartungen ein wenig nach unten korrigieren? Versuche es. Oft zeigt es sich, dass die stressigen Details tatsächlich keine so große Rolle spielen und durch das Loslassen mehr Präsenz und Freude erhalten. Erinnere dich mitfühlend daran, dass gut genug meistens ausreicht. Arbeite daran. Das bedarf Übung und Geduld, aber die Mühe lohnt sich. Von einer ehemaligen Perfektionistin zu einer (vielleicht) zukünftigen Kollegin sage ich: Vertrau mir!

Weiß nicht

In ihrem Buch *Year of Yes* teilt Shonda Rhimes ihre Gedanken über die Erziehung ihrer drei Töchter: „Vor meinen Kindern konnte nichts mein Selbstvertrauen beeinträchtigen. Heute wird es täglich erschüttert. Ich weiß nicht, was ich tue. Es gibt kein Handbuch. Es gibt keine Checkliste."

Oh je. Wenn die brillante Shonda Rhimes nicht weiß, was zu tun ist, was bedeutet das für uns? Unsicher darüber, ob mich das trösten sollte oder ich lieber umdrehe und davonrenne, hilft mir zumindest der Gedanke, mit allen im gleichen Boot der Mutterschaft zu sitzen.

Obwohl Verwirrung zu den Kernbestandteilen von Mutterschaft zählt, ertappe ich mich manchmal beim Gedanken, nur mir ginge es so. Zu oft denke ich, alle anderen hätten alles im Griff. Fühlen sich aber alle irgendwie planlos, normalisiert das meine Erfahrungen in der Mutterschaft. Wir sollten die Wahrheit auch aussprechen und unsere Unvollkommenheiten annehmen, damit wir befreite, ehrliche, lebensrettende Gespräche mit anderen Müttern führen können. Egal, ob wir die Schreie eines Neugeborenen entschlüsseln oder eine angemessene Ausgehzeit für Jugendliche festlegen müssen, oft betreten wir unbekanntes Terrain. Selbst wenn wir mit älteren Kindern alles schon einmal durch hatten, sind doch alle Kinder unterschiedlich in ihren Persönlichkeitsmerkmalen und Verhaltensweisen. Das führt dazu, dass wir möglicherweise die gleichen Unsicherheiten nochmals durchleben.

Mein Sohn wurde zehn Jahre nach meiner Tochter geboren, und wenn er stundenlang weinte und ich den Grund nicht fand, überkam mich abermals dieses vertraute Gefühl von Hilflosigkeit. Da ich eine Macherin bin, war es eine Qual für mich, das Problem nicht lösen

> Sei du selbst und sag, was du fühlst, denn wer etwas dagegen hat, ist unwichtig, und wer wichtig ist, hat nichts dagegen.
>
> —Bernard Baruch

zu können. Ich ging die offensichtliche Checkliste durch und hoffte auf eine schnelle Lösung: *Wenn die Windel voll ist, okay, dann kann ich ihn wickeln. Wenn er Hunger hat, finde ich eine Lösung. Müde, auch kein Problem.* Aber das unerbittliche, nervenzermürbende Geschrei, einfach weil er in meine ruhige, warme Gebärmutter zurückkehren wollte, das machte mir sehr zu schaffen.

Eine Woche nach der Geburt fühlte ich mich völlig erledigt und sagte der Kinderärztin, dass ich seine Schreie nicht unterscheiden konnte. Alles klang zermürbend gleich für mich. Sie behauptete: „Du weißt mehr, als du denkst." Aber ich habe es ihr nicht abgenommen. Ich sah sie fest aus meinen blutunterlaufenen Augen an und sagte: „Nein, ich habe wirklich keine Ahnung." Nach einer weiteren Woche konnte ich dann natürlich sein Schreien bei Hunger, Müdigkeit oder voller Windel unterscheiden. Unter diesen Bedingungen ist eine Woche aber eine lange Zeit. Glücklicherweise fühlen sich Mütter aber nicht immer so verwirrt. Häufig lösen sich die Dinge in Glückseligkeit auf, nachdem man eine Weile überlegt hat. Ich genieße die Phasen, solange sie bestehen, da hinter der nächsten Ecke oft schon die nächste Herausforderung auf mich wartet.

Wenn „ich weiß nicht" zu einem akzeptierten Bestandteil von Elternschaft wird, sind wir einen großen Schritt weiter. Nicht auf alles sofort Antworten parat zu haben, ist Ausdruck einer gewissen Freiheit. Innehalten, sein Bauchgefühl überprüfen und abwarten. Meine fantastische Kinderärztin hatte recht, wir wissen mehr, als wir denken. Aber manchmal müssen wir uns erst einmal damit abfinden, es für eine Weile nicht zu wissen. Trotz ihres scheinbaren Selbstzweifels wird auch Shonda Rhimes eine Art mütterliche Intuition haben, sonst könnte sie nicht so brillante und authentische Charaktere und Geschichten entwerfen. Es gibt Hoffnung für uns alle.

Die Achtsamkeitsübung „Weiß nicht": Es ist nicht nur von unschätzbarem Wert, Ehrlichkeit anderen Müttern gegenüber zu leben, sondern auch ein großartiges Vorbild für unsere Kinder. Da Kinder zunehmend nach Unabhängigkeit streben, ist es oft in Ordnung zu antworten: „Ich weiß es nicht. Lass mich darüber nachdenken, ich komme darauf zurück." So nehmen wir ihre Fragen ernst und leben zugleich einen souveränen Umgang mit eigenen Unsicherheiten und Zweifeln vor, anstatt sofort impulsiv reagieren zu müssen.

Wenn wir unbekanntes Territorium betreten, sollten wir uns dessen bewusst werden und eine gewisse Orientierungszeit akzeptieren. Einigen wird das schwerer fallen als anderen. Akzeptieren bedeutet an dieser Stelle, sich mit der Situation zu versöhnen und sich ihr nicht länger zu widersetzen. Um zu lernen, zu experimentieren und auf unsere Intuition zu vertrauen, müssen wir zunächst ein Stück weit Kontrolle abgeben. Es gibt keinen Grund, sich dafür zu schämen. Denkt daran, dass uns das allen so geht. Sprich mit anderen Müttern. Frage nach und teile deine Erlebnisse und Gefühle. Genieß die Reise und versuche dich und deine Kinder unterwegs besser kennenzulernen.

Die Zwischenmomente

Sagte man dir, dass du nur noch sechs Monate zu leben hättest, was würdest du mit deiner Zeit anfangen? Wenn wir innehalten und für einen Moment nachdenken, werden uns die Dinge schnell klar. Jeder wird seiner Persönlichkeit und Leidenschaften entsprechend unterschiedlich antworten. Abenteuerlustige wollen vielleicht reisen oder offene Punkte auf ihrer To-do-Liste umsetzen, andere versuchen vielleicht, sich mit verkrachten Freunden auszusöhnen. Vielleicht willst du deinen Liebsten sagen, was sie dir bedeuten. Viele werden mehr Zeit mit Familie und Freunden verbringen wollen, über Dinge reden, die uns am Herzen liegen. Sich umarmen. Hände halten. All die gewöhnlichen Zwischenmomente genießen, für die wir uns in unseren hektischen und überplanten Terminkalendern sonst überhaupt keine Zeit nehmen.

Ich will nicht makaber klingen, aber tatsächlich weiß niemand von uns, wie viel Lebenszeit uns jeweils bleibt. Dieser Fakt sollte uns aber nicht in permanente Angst versetzen, sondern als Erinnerungsstütze dafür dienen, in Einklang mit unseren Werten und Prioritäten zu leben. Natürlich können wir nicht all unsere Pflichten und Zeitpläne über Bord werfen. Aber wenn wir immer nur von einer Aktivität zur nächsten eilen, gibt es keine Zwischenzeiten mehr, denn jeder freie Moment wird vom Gedanken an das Folgende beherrscht. Was wäre, wenn wir das Tempo ein wenig verlangsamen und mehr auf die Zwischenmomente achten würden, die inmitten der Geschäftigkeit so leicht verloren gehen?

> Am ehesten bleibt die Zeit in den Momenten stehen, die dem normalen Leben auffällig ähneln.
> —*Brian Andreas*

179

Im Idealfall gelingt es uns, diese Übergänge bewusster wahrzunehmen und ihnen unsere volle Aufmerksamkeit zu schenken, denn sie halten Potenziale für Verbindungen, für Kreativität und für Gedanken bereit. Du magst denken, in deinem Tagesablauf gebe es diese Momente aber kaum. Ist das der Fall, dann versuchst du entweder, zu viel in eine bestimmte Zeitspanne zu pressen, oder aber du bist zu abgelenkt von deiner mentalen To-do-Liste, sodass du sie gar nicht erst erkennst.

Unser Verstand profitiert von diesen kurzen Ruhephasen, um die ständige Flut eingehender Reize zu verarbeiten. Mit mehr Zwischenmomenten entsteht ein größerer innerer Raum, um freundlicher, nachdenklicher, kreativer und präsenter zu sein. Bin ich in Eile, dann bin ich automatisch unfreundlicher. Ich verpasse Gelegenheiten, jemanden anzulächeln und in seine Augen zu schauen. Ich verpasse die Gelegenheit, mit anderen Müttern ein interessantes Gespräch in der Supermarktschlange zu führen. Und ich verpasse die Gelegenheit, meine Prioritäten zu setzen, wie in diesem Gedankenspiel mit dem nahenden Tod klar wurde.

In genau diesen Zwischenmomenten führe ich meine besten Gespräche, habe meine kreativsten Aha-Momente und erlebe die größten Gefühle der Dankbarkeit. In den scheinbar nutzlosen Zeiträumen passiert am allermeisten, wenn wir ihnen unsere ganze Aufmerksamkeit und Neugierde schenken: während wir uns auf dem Bett entspannen, uns mit unseren Kindern unterhalten oder nach dem Abendessen für einige Augenblicke am Tisch verweilen. Das sind genau die ungeplanten Momente, in denen ich mich verbunden, verstanden und verständnisvoll fühle. Sie erfordern nur wenig Zeit und sind kostbar, wenn es um die Reduzierung auf das Wesentliche geht.

Die Achtsamkeitsübung für Zwischenmomente: Atme tief durch, schließe die Augen und erinnere dich an das Sechs-Monats-Szenario. Welche Bilder sind dir erschienen? Welche Leute? Welche Gedanken und Emotionen? Genau dies sind deine Prioritäten. Wenn möglich, versuche, diese Bilder wirklich werden zu lassen. Fang klein, aber bewusst an und verfolge deine Prioritäten mit Liebe und Wertschätzung. Nimm dir in deinem Alltag mehr Zeit für die Zwischenmomente, die du früher übergangen bist. Schaffe mehr Platz für die kurzen Pausen, in denen scheinbar nichts passiert. Wenn du einen dieser Momente erlebst, atme tief ein und sei neugierig. Welche Körperempfindungen hast du dabei? Fühlst du Leichtigkeit? Kannst du deinem Gegenüber mit deiner ungeteilten Aufmerksamkeit begegnen? Auch wenn du ungeduldig und unruhig bist, gelingt es dir trotzdem, einen Moment zu verweilen? Versuche, Raum für diese Zwischenmomente zu kreieren, löse dich von deinen Erwartungen und schau, was kommt.

KAPITEL VI

Den Tag beenden

Wein

Bei der Kaffee-Achtsamkeitsübung (Seiten 45–46) habe ich die Wein-Achtsamkeitsübung versprochen. Hast du schon gewartet? Das ist keine Kritik. Sowohl Kaffee als auch Wein gehören regelmäßig zum Überlebenswerkzeug meines Mutterdaseins. Diese beiden Getränke liegen mir sehr am Herzen. Ich nehme es mit dem Wein sehr genau, nicht weil ich pingelig oder so ein anspruchsvoller Liebhaber bin, sondern weil ich schnell beschwipst bin und immer nur ein einziges Glas trinken kann. Deshalb möchte ich dieses eine Glas natürlich auch genießen.

Ich bin nun sicherlich kein Connaisseur. Mein ganzes Wissen stammt von einem achtwöchigen Weinseminar aus dem letzten Jahr an der Uni. Wir probierten jede Woche zahlreiche Weinsorten durch und diskutierten. Die Beschreibungen der anderen Kursteilnehmer waren unterhaltsam und interessant: Birne, Pilz, Eiche, Zitrone, zähflüssig, leicht, vollmundig. Beim letzten Mal gab es ein aufwendiges Abendessen, bei dem jeder Student einen Gang vorbereitete, der dann mit sorgfältig ausgewählten Weinen kombiniert wurde. Ich erinnere mich nur noch genau an das Dessert: ein zweilagiger Chocolate Fudge Cake mit einem schönen roten Dessertwein. Ich dachte, ich sei gestorben und direkt im Weinhimmel gelandet (wenn ich darüber nachdenke, war ich wohl schon etwas angeheitert).

Wie auch immer, ich schweife ab. Der Punkt ist, man muss offensichtlich kein Experte sein, um dem vollen Kelch mit Aufmerksamkeit und Neugierde zu begegnen. Ob nun beim gemütlichen Abendessen mit Freunden oder als Gläschen beim Zubereiten des Abendessens, du kannst deine ganz eigene Version der Wein-Achtsamkeitsübung entdecken und kultivieren.

Die Wein-Achtsamkeitsübung: Wenn du in Gesellschaft bist, dann beziehe die anderen doch in die Wein-Achtsamkeitsübung mit ein. Wenn du allein bist, dann genieß dein Glas Wein achtsam im Stillen. In der Gruppe könnt ihr eure Beobachtungen teilen und diskutieren. Dabei ist es ganz egal, ob ihr euch wirklich auskennt und die Fachsprache kennt. Habt einfach Spaß und seid mit euren Beschreibungen so kreativ wie möglich.

Atme in jedem Fall erst einmal tief durch und lenke deine volle Aufmerksamkeit auf den vollen Tropfen vor dir. Betrachte die Farbe im Glas. Schwenke den Wein sanft im Kreis und beobachte seine dichte Konsistenz. Führe als nächstes das Glas an die Nase und atme den verlockenden Duft ein. Behalte den ersten Schluck für einige Sekunden im Mund, damit er seine volle Komplexität entfalten kann. Schlucke langsam und nimm dabei alle Aromen und Gerüche wahr. Vielleicht möchtest du im Stillen deine Dankbarkeit für all die Mühe und Arbeit aussprechen, die in seine Herstellung geflossen ist. Verwende den Wein als Mittelpunkt. Jedes Mal, wenn deine Gedanken abwandern, dann bring deine Aufmerksamkeit sanft zum köstlichen Nektar der Götter zurück. In vino veritas. Prost.

[Hinweis: Als Therapeutin muss ich auf die Gefahren von Alkohol hinweisen. Wenn der Konsum von Wein oder einer anderen Substanz zu einem Problem für dich oder einen geliebten Menschen geworden ist, suche bitte Hilfe auf und überspringe diese Achtsamkeitsübung. Bitte trinke verantwortungsbewusst. Das ist ernst gemeint. (Jetzt klinge ich wirklich wie eine Mutter.)]

Abwaschen

Wenn du deine Familie in deine neue Achtsamkeitspraxis mit einbeziehst (was ich für eine gute Idee halte), kann sogar das so alltägliche Geschirrspülen zu einer gemeinsamen Achtsamkeitsübung werden. Bevor du den Abwasch beginnst, solltest du dir erst einmal deine aktuelle Bedürfnislage klarmachen.

Hast du dich beispielsweise den ganzen Tag um kleine herumhüpfende Kinder gekümmert, kann die Spülzeit zu einem ruhigen Moment der Reflexion werden. Auf der anderen Seite helfen die Kleinen oft auch gerne beim Spülen, während du die Küche aufräumen kannst. Wenn deine Kinder schon älter sind und nur noch zum Essen oder Ausgehen aus ihren Zimmern auftauchen, könnte man den Abwasch vielleicht gemeinsam erledigen. Häufig sind die Gespräche lockerer, sobald unsere Teenies an einer Gemeinschaftsaufgabe beteiligt werden. Wenn die familiäre Logistik es zulässt, stellt der Abwasch auch eine gute Gelegenheit dar, sich mit dem Ehepartner upzudaten. Teilt die Aufgaben lieber, anstatt sie einzeln zu bewältigen.

Die Abwasch-Achtsamkeitsübung: Atme einmal tief ein und aus, wenn du den Abwasch allein bewerkstelligst. Überprüfe deine Haltung, roll die Schultern nach hinten und stehe aufrecht. Achte auf dein Gefühl, während das Wasser über deine Haut rinnt. Nimm den reinlichen Duft der Seife auf. Sensibilisiere dich für die Temperatur des Wassers, für Textur und Gewicht des Geschirrs, den weichen Schwamm und das geschmeidige Wasser. Verlangsame deine Handgriffe um ein paar Stufen gegenüber deinem normalen Tempo und sei mit Tast- und Geruchssinn so vollständig wie möglich anwesend. Deine Gedanken mögen sich verselbstständigen und beim nächsten Punkt auf der To-do-Liste oder einer Situation des Tages landen. Wenn deine Gedanken abzudriften beginnen, richte die Aufmerksamkeit wieder sanft auf das Geschirr und deine Sinne. Vielleicht musst du sie auch mehrmals einfangen, aber das ist völlig in Ordnung.

Vielleicht magst du dir einen Moment lang all das Geschirr vorstellen, das über Jahrhunderte auf der ganzen Welt gewaschen wurde. Sinniere für einen Moment über die Bedeutung, Verbreitung und Klarheit dieser universellen Aufgabe, über diesen einfachen Weg, Ordnung und Sauberkeit in unserem Leben wiederherzustellen. Sei dankbar für diesen kurzen Augenblick der Ruhe und die Gelegenheit für eine Achtsamkeitsübung.

Wenn ihr den Abwasch gemeinschaftlich macht, sensibilisiert anfangs ebenfalls euren Tast- und Geruchssinn. Sobald das Gespräch dann fließt, legt den Schwerpunkt eher auf den Partner als auf eure Sinne. Halte inne und suche Blickkontakt, wenn dein Kind oder Ehepartner spricht, und achte beim Aufnehmen der Worte auf deine Körperempfindungen. Macht den Abwasch zur Gelegenheit, bewusst miteinander in Verbindung zu treten, anstatt zu einer lästigen Aufgabe. Seid wirklich für den anderen da. Gerade in diesen alltäglichen Momenten können wir uns teilhaben lassen und verbinden.

Badezeit

Als meine Tochter noch klein war und bevor ich anfing, mich in Achtsamkeit zu üben, war ich von einer Los-geht's-Mentalität geprägt. Mir ging es hauptsächlich darum, wie viel ich in einer bestimmten Zeitspanne schaffen konnte. Ob nun bei Hausarbeiten oder der Abendroutine, das Tempo war oft dringlich und eilig. Ziel war es, Dinge so schnell und effizient wie möglich von der Liste zu bekommen. Wenn ich zurückblicke, muss sich meine Kleine bei der Abendtoilette oft wie in der Autowäsche gefühlt haben: einseifen, abschrubben, gut abspülen, raus aus der Wanne, abtrocknen, rein in den Pyjama und dann ab ins Schlafzimmer. Ja, Leute, wir haben gerade einen neuen Weltrekord aufgestellt. Hurra! Welche Art von Rekord ich dabei versucht habe, weiß ich nicht genau – wahrscheinlich den in meinem eigenen Kopf.

Ich bereise auch heute noch gerne das Land der Effizienz und Produktivität. Aber ich treibe mich dort viel bewusster herum und schaue mir die Sehenswürdigkeiten an (während ich schnell einige Punkte von der Liste streiche). Denn im Land der Produktivität gibt es sehr wenig Wertschätzung für den Augenblick und für all das, was direkt vor uns liegt.

> Erfahrung ist die wunderbare Fähigkeit, einen Fehler zu erkennen, wenn man ihn wiederholt.
> —F. P. Jones

Es ist so wichtig, dass wir alles aufsaugen, solange wir können. Viele Jahre später weiß ich jetzt, wie schnell diese Badezeit der Kinder zu einem Teil der Vergangenheit wird. Sie wird ausgetauscht durch das Dauerduschen der Teenagerjahre und eines Tages stellt man mit Erstaunen fest, dass dort der Liebling, seinen vollwertigen, erwachsenen Körper in den flauschigen Bademantel gehüllt, aus dem Badezimmer geht. *Oh … wann ist das passiert?*

Deshalb bin ich heutzutage geneigt, bei meinem kleinen Sohn an der Badewanne zu sitzen und irgendein Wasserspiel mit ihm zu spielen, das er an dem Abend mal wieder spontan erfunden hat. Denn ich weiß, in nicht allzu ferner Zukunft wird auch dies ein Relikt seiner viel zu kurzlebigen Badezeit sein.

Die Badezeit-Achtsamkeitsübung: Wann immer möglich, nimm dir genügend Zeit, um das Bad zu einem ruhigen und entspannenden Erlebnis für euch beide zu machen. Atme ein paar Mal tief durch. Nimm die warme, feuchte Luft durch deine Nasenlöcher auf und achte auf den Duft von Schaumbad oder Babyshampoo. Erfreu dich am Wunder dieses kleinen nackten Körpers, der über Nacht zu wachsen scheint (und das oft auch tatsächlich tut). Spür das warme Wasser und das weiche Badetuch in deinen Händen.

Während du genießt und dich auf diese Erfahrung mit deinem Kind einlässt, werden deine Gedanken möglicherweise in die Vergangenheit wandern (*Ich kann nicht glauben, dass mein Baby nicht mehr mollig und rund aussieht – wie groß und schlank es geworden ist.*) oder in die imaginäre Zukunft (*Es wird nicht mehr lange dauern, bis du mich hierfür nicht mehr brauchst – entweder mit einem erleichterten „Ja!" oder einem resignierten Seufzer*). Richte deine Aufmerksamkeit weiterhin sanft auf das Hier und Jetzt und erfreue dich an der Wärme des Bades, an deiner Liebe und an deinem kleinen Schatz.

Vorlesen

Während ich mich zum Vorlesen auf sein Bett setze, sucht mein Vierjähriger gerade zwei Bücher aus und lässt sich dann wie seit früher Kindheit für die Gutenachtgeschichte auf meinen Schoß plumpsen. Ich bin erstaunt, wie groß er geworden ist und frage mich, wann das passiert ist. Wie kann es möglich sein, dass seine Füße über meine Knie herausragen? Noch vor kurzer Zeit war er doch nur ein winziges Bündel. Er wächst so schnell, dass mir die Zeit manchmal wie im Zeitraffer vorkommt. Wie kann es sein, dass unsere Kinder in Sprüngen zu wachsen scheinen, obwohl wir sie doch täglich sehen?

Ich muss an meine Tochter als kleines Mädchen denken. Ähnlich wie beim abendlichen Baden war ich damals sehr darauf bedacht, die Einschlafroutine so kurz wie möglich zu halten. Deshalb übersprang ich beim Vorlesen ganze Absätze und Seiten, nur damit ich sie schnell zudecken konnte und endlich etwas Zeit für mich bekam. Als sie Worte zu erkennen begann, bemerkte sie natürlich etwas, etwa wenn ich unwissentlich wichtige Stellen übersprungen hatte und sie fragte: „Hä? Das macht doch keinen Sinn." Irgendwann las nicht mehr nur ich ihr vor, sondern sie fing an, auch mir die einfachen Bücher vorzulesen, bis wir schließlich dazu übergingen, uns abwechselnd gegenseitig vorzulesen.

> Nicht nur die Kinder, auch die Eltern wachsen.
> —*Joyce Maynard*

Wenn ich heutzutage Glück habe, legt sich meine Tochter abends neben mich aufs Bett und wir lesen Seite an Seite unsere Bücher. Ich schaue zu ihr hinüber, zu diesem reizenden Teenagermädchen, dessen Beine länger sind als meine, und kann kaum glauben, dass ich damals die Zeit vorspulen wollte. Ich habe Mitgefühl für diese müde Mutter von damals. Aber ihr Bedürfnis, durch alles eilen zu wollen, nur um Ruhe zu haben, macht mich auch traurig. Es liegt in meiner Natur, Dinge von der Liste streichen zu wollen, aber ich kenne mittlerweile auch den Wert von Entschleunigung und Genuss, selbst wenn ich müde und erschöpft bin.

„Mama? Mama? Mama? Kannst du mir vorlesen?" Die Stimme meines Kleinen reißt mich aus meiner nostalgischen Träumerei und wirft mich direkt in die Gegenwart zurück. Es ist erstaunlich, wie weit und schnell meine Gedanken manchmal abschweifen. Sie lassen das Hier und Jetzt hinter sich und umkreisen Planungen oder irgendwelche Sorgen. Wir können diesem Phänomen beim formellen Meditieren wie auch im Alltag gleichermaßen begegnen, indem wir es einfangen und freundlich, aber bestimmt zurücklenken, einmal tief durchatmen und von vorne beginnen.

Natürlich drifte ich auch heute noch hin und wieder ab, etwa wenn ich meinem kleinen Kerl vorlese. Manchmal habe ich keinerlei Erinnerung an das gerade Gelesene mehr und bin erstaunt, gleichzeitig an völlig andere Dinge denken zu können. Aber ich weiß, dass die Phase des Vorlesens bald vorbei sein und mir dann fehlen wird, also atme ich, hole mich zurück und betrete abermals die Welt von Thomas, der kleinen Lokomotive, Star Wars und den Superhelden.

Die Vorlese-Achtsamkeitsübung: Wenn die Zeit für die Gutenachtgeschichte kommt und du dich besonders müde und schläfrig fühlst, wähle ein kürzeres Buch aus. An anderen Abenden mit mehr Zeit und Energie kannst du hingegen längere Bücher und ein gemächlicheres Tempo einplanen. Wenn es dir wie mir geht und dich einige Bücher nicht interessieren *(schon wieder Monstertrucks?)*, dann nutze die Zeit gezielt für deine Achtsamkeitsübung. Dein Verstand wird abschweifen und du wirst Langeweile, Unruhe oder Müdigkeit verspüren. Mach dir deine Empfindungen bewusst, akzeptiere sie, atme tief durch und lenke deine Aufmerksamkeit auf diejenigen Worte, die dich mit deinem Kind verbinden. Eines Tages wird sich dieser kleine Körper nicht mehr an dich schmiegen, und dieser Moment mag wichtiger Teil deiner Erinnerungen werden.

Den Tag Revue passieren lassen

„Lasst uns über den Tag reden!", ist zu einem allabendlichen Ritual bei uns geworden. Die Ereignisse und Erfahrungen des Tages zu rekapitulieren, hilft den Kleinen dabei, sie zu verarbeiten und ihnen Sinn zu verleihen. Auch mein Sohn macht immer gerne mit, weil sich die Schlafenszeit so um ein paar Momente verschieben lässt.

Mein Kleiner macht immer noch Mittagsschlaf und verwechselt deshalb oft Tag- und Nachtschlaf. Manchmal wacht er von einem Nickerchen auf und will in den Kindergarten oder morgens glaubt er, bald gebe es Abendbrot. Abends den Tag zu wiederholen, hilft ihm, seine Erlebnisse einzuordnen, und gibt mir die Möglichkeit, einen Moment der Nähe mit ihm zu genießen. Ich liege neben ihm im Bett, wir sind uns ganz nahe und ich schmelze beim Blick in seine tiefbraunen Augen. Mir wird dann bewusst, dass diese scheinbar alltäglichsten Momente mindestens so bedeutsam sind wie die sorgfältig orchestrierten großen, wenn nicht sogar deutlich wichtiger. Unser Abendritual verbindet und beruhigt uns, und es scheint ihm zu versichern, dass in seiner kleinen Welt alles in Ordnung ist.

Unsere abendliche Zusammenfassung beginnen wir oft zusammen mit den Worten: „Heute bist du früh aufgewacht ... wie immer." Wir sprechen darüber, wen er getroffen hat, wo er war und wie er den Tag im Allgemeinen verbracht hat. Uns wird klar, dass für einen schönen und bedeutsamen Tag keine großen Ereignisse nötig sind. Und passiert dann tatsächlich mal etwas Außergewöhnliches, empfinden wir viel Wertschätzung dafür. Durch die Wissenschaft der Gedächtnisintegration wurde diese Gewohnheit initiiert, aber das Gefühl einer verstärkten Verbindung zwischen uns beiden ist der Grund, warum wir die Erinnerungen des Tages jeden Abend aufs Neue durchgehen.

Die Achtsamkeitsübung „Den Tag Revue passieren lassen": Tatsächlich ist es weniger wichtig, was während des Tages genau passiert ist. Ob es der aufregendste oder der alltäglichste aller Tage war – was zählt, ist das Nacherzählen als gemeinsame Erfahrung.

Sucht euch einen bequemen Platz zum Liegen und Entspannen. Ihr könnt das Bett oder einen gemütlichen Stuhl nehmen. Schau je nach Alter, ob dein Kind von sich aus Tagesgeschehnisse erzählen will. Anfangs kann das einige Zeit, Übung und Aufforderung erfordern. Ihr könnt so viel oder wenig ins Detail gehen, wie ihr wollt. Am besten wählst du ein oder zwei Erlebnisse aus und fragst ein wenig nach: „Wie war das für dich?" oder „Wie glaubst du, hat deine Freundin sich gefühlt, als du mit ihr rutschen wolltest?" Achte dabei auf die Signale deines Kindes. Wenn es sich kurz und bündig hält, dann mach das auch so. Will es allerdings nur das Einschlafen hinauszögern, dann zieh eine Grenze. Sei neugierig, sei interessiert und sei einfach da.

Zweisamkeit mit dem Partner

Eine meiner Lieblingsserien ist *Parenthood*, eine realitätsnahe Serie über vier erwachsene Kinder, deren Eltern und jeweiligen Familien. Der Patriarch Zeek ist ein älterer, harter Typ und seit vierzig Jahren mit der künstlerischen und toleranten Mutter verheiratet. Nachdem in ihrer Ehe einige Probleme auftauchen, machen sie eine Paartherapie, bei der Zeek geraten wird, einfach mehr zuzuhören, anstatt immer gleich alles reparieren zu wollen. Anstatt immer sofort eine Lösung zu präsentieren, soll er seiner Frau mit den Worten „Ich sehe dich, ich höre dich" antworten.

Anfangs fällt er weiterhin in sein typisches Muster, fängt sich dann aber, hält inne und spricht dann den Satz. Als ihr tief verwurzeltes Kommunikationsmuster sich langsam ändert, beginnt sich auch in seiner Frau etwas zu lockern und zu verschieben. Sie wird jetzt endlich gesehen und gehört. *Parenthood* wartet mit einer tollen Schauspielleistung, Humor und einer ergreifenden Demonstration dessen auf, wonach wir uns alle sehnen: gesehen und gehört zu werden, besonders von unseren Nächsten.

Mit fortschreitender Handlung war ich mehr und mehr berührt und verstand, dass ich oft Zeek bin, genau wie mein Ehemann. Irgendwo im Laufe unseres gemeinsamen Weges haben wir uns angewöhnt, uns nicht zu sehen und nur selten zu hören. Nicht absichtlich oder aus Mangel an Liebe oder Respekt füreinander, sondern weil wir diesen Mustern erlaubt haben, sich langsam einzuschleichen und Kontrolle zu übernehmen.

> Wenn du da bist, dann sei auch präsent. Achte darauf, was Bedeutung hat. Sprich die Wahrheit ohne Schuldzuweisungen oder Urteile und sei ergebnisoffen.
>
> —Angeles Arrien

Kommt dir das folgende Szenario bekannt vor? Du warst den Nachmittag unterwegs, kehrst nach Hause zurück und gehst ins Haus, um deine Familie zu begrüßen. Beim Anblick deiner Kinder strahlst du und sagst aus vollem Herzen „Hey! Wie geht es dir?", während du sie fest umarmst. Der Hund kommt dir entgegen und will ebenfalls kurz gestreichelt werden, was du auch liebevoll machst. Dann begrüßt du deinen Partner mit einem lauwarmen „Na, wie geht's?" und einem kurzen Kuss auf die Lippen, um dann schnell die Lebensmittel auszupacken und dich wieder in den geschäftigen Familienrhythmus einzugliedern.

Stop. Bemerkst du den Unterschied? Denke einen Moment darüber nach, wie sich deine Partnerschaft entwickelt. Wenn sie ähnlich aussieht wie in diesem Szenario, geht es dir wie vielen. Das Missverhältnis zwischen dem fundamentalen menschlichen Bedürfnis, gesehen zu werden, und der täglichen Familienrealität mit Kindern kann bemerkenswert sein. Besonders wenn die Kinder noch klein sind und so viel von unserer Energie und Zeit beanspruchen, kann es am Ende eines langen Tages schwierig sein, sich Zeit für unsere Partner zu nehmen.

Es gab Abende, an denen ich kaum einen zusammenhängenden Satz bilden konnte, geschweige denn die geistige Fähigkeit für ein tieferes Gespräch mit meinem Mann hatte. Andererseits gibt es energetischere Phasen, in denen eher mein Mann erschöpft und gestresst ist. Die Herausforderung besteht darin, sich zu synchronisieren. Ich kenne dieses Problem aus meiner Arbeit als Paartherapeutin. Es ist schnell geschehen, dass unsere Partner in unserer Prioritätenliste abrutschen, aber umso wichtiger, genau das zu verhindern.

Erinnerst du dich, wie es sich früher mit deinem Partner anfühlte, wenn ihr euch liebevoll und mit feuchten Augen anschautet? Ich wette, du hast dich damals gesehen und gehört gefühlt. Und ich wette, deinem Partner ging es auch so. Vielleicht ist es nicht möglich, wieder ganz frisch verliebt zu sein, aber ihr könnt euch sicherlich in diese Richtung bewegen, indem ihr euch die volle Aufmerksamkeit schenkt. Die gute Nachricht ist, dass Beziehungen auch mit viel weniger Zweisamkeit gut funktionieren können. Aber es bedarf regelmäßig guter Momente, wenn unsere Beziehungen wachsen und gedeihen sollen.

Die Achtsamkeitsübung „Zweisamkeit mit dem Partner": Wenn es euch wie den meisten Eltern geht, wird es bei euch nicht viel gemeinsame kinderfreie Zeit geben. Deshalb müsst ihr aus der vorhandenen Zeit das Beste machen. Vor allem solltest du dazu die Finger von Smartphone und Ähnlichem lassen. Wenn du süchtig nach Elektronik bist, mag diese Umstellung schwer sein, gelingt mit ein wenig Übung aber. Anfangs solltet ihr diese Zeiträume bewusst planen und beschützen. Auch eure Kinder werden davon profitieren, ihre Eltern in achtsamem, respekt- und liebevollem Umgang miteinander zu erleben.

Du kennst sicherlich das Gefühl, wenn sich jemand wirklich für deine Meinung interessiert und dir seine volle Aufmerksamkeit schenkt? Biete deinem Partner genau das. Bei so vielen Ablenkungen – Kinder, Elektronik, Alltag –, die um unsere Aufmerksamkeit konkurrieren, ist es ein wahres Geschenk, sich auch nur für wenige Augenblicke auf unsere Geliebten einzustellen. Setzt euch hin und wendet euch einander zu. Atme ein paar Mal tief durch. Versucht so gut es geht, für ein paar Augenblicke all die Pflichten beiseite zu schieben. Lasst euch so vollständig aufeinander ein, wie ihr das auch mit euren Kindern tun würdet. Sieh deinem Partner in die Augen. Sieh ihn an, hör ihm zu. Im Laufe der Zeit kann diese einfache Praxis das gesamte Gefühl in der Beziehung verändern und euch einander noch näher bringen.

Warten – Teil II

Beim nächtlichen Warten darauf, dass unsere Kinder endlich nach Hause kommen, handelt es sich um ein Übergangsritual, auf das viele Eltern lieber verzichten würden. Wir warten auf das beruhigende Geräusch des Schlüssels im Schloss, hoffen auf ihren guten Gemütszustand und dass sie möglichst nüchtern sein werden.

Während wir auf ihre Rückkehr warten, spielen sich vor unserem besorgten inneren Auge mehrere Szenarien ab. Wir stellen uns vor, dass sie eine wunderbare Zeit verbringen, während wir hier sitzen und uns Gedanken machen, was sie wohl gerade tun und mit wem sie sprechen. Meistens aber kreisen unsere Geister um das Negative, Ängstliche und gelegentlich Schreckliche, von dem wir kaum wagen, es laut auszusprechen. Während wir warten, visualisieren wir unbewusst alle möglichen seltsamen (oder realistischen) Filme in unserem rastlosen Kopf. Durch unsere Achtsamkeitsübungen haben wir erkannt, dass unsere Gedanken hartnäckig und hinterhältig sein können und uns auf wilde Fahrten mitnehmen, auf die wir viel lieber verzichten würden.

Aber können wir uns das verübeln? Schließlich wissen wir ja nicht, ob unsere Teenies wohlbehalten wieder nach Hause kommen. Welche Ängste und Hoffnungen wir in dieser Situation haben, hängt von unserem Kind selbst, seinem Sozialverhalten, dem Alter sowie von zahlreichen anderen Variablen ab, einschließlich unserer eigenen Tendenz zu Ängstlichkeit und Sorge. Wird die Tochter über beide Ohren strahlen und von ihrer fantastischen Nacht erzählen? Wird sie hereinkommen und nach kleiner Umarmung ohne Kommentar in ihrem Zimmer verschwinden? Wird sie unter Tränen in dein Schlafzimmer kommen und von einer tiefen Verletzung durch eine enge Freundin erzählen? Wird sie

> Letztlich sind nur drei Dinge von Bedeutung: Wie gut wir gelebt haben. Wie gut wir geliebt haben. Wie gut wir gelernt haben, loszulassen.
> —Jack Kornfield

eure abgemachte Uhrzeit einhalten? Musst du ihr in die Augen schauen und über- legen, ob sie Drogen genommen hat? Die größte Herausforderung besteht in der Unvorhersehbarkeit der Situation.

Wenn unsere Kinder gesund und munter nach Hause zurückkehren, können wir erleichtert aufatmen. Es können aber auch unangenehme Situationen entstehen, mit denen wir dann umgehen müssen. Ob Drogenkonsum, emotional schmerzhafte Er- lebnisse oder ein gebrochenes Versprechen, wir Mütter müssen uns selbst im Griff haben, um den Bedürfnissen unserer Kinder begegnen zu können. Weil es uns ver- letzt, wenn sie verletzt sind, und wir nur so glücklich wie unser unglücklichstes Kind sein können, ist es entscheidend, Ruhe zu bewahren. Nur dann können wir uns der anstehenden Situation bewusst stellen.

Die Achtsamkeitsübung „Warten – Teil II": Nutze die Wartezeit, um einen Moment innezuhalten und die Beschaffenheit deiner Ge- danken zu untersuchen. Sind sie von Angst und Sorge geprägt? Oder stellst du dir vor, dass dein Kind gerade einen positiven und angeneh- men Abend verlebt?

Benenne deine Gedanken erst einmal und leite sie, wenn nötig, dann um. Schenke dir Mitgefühl für die Herausforderungen der Er- ziehung und sei dir sicher, darin nicht allein zu sein. Wenn deine Ge- danken weiterhin nur sorgenvoll kreisen, dann suche eine Ablenkung. Idealerweise sollte die Ablenkung selbstfürsorglich sein. Warten kann die perfekte Zeit für Meditation sein, du könntest auch Zeit mit deinem Partner verbringen oder etwas lesen.

Wenn dein Kind dann nach Hause kommt, atme zuerst durch und entspanne deinen Körper. Biete eine Umarmung an. Sei präsent und aufmerksam, um sich wieder zu verbinden, auch wenn das nicht be- deuten muss, viel zu sprechen. Bedanke dich im Stillen für die sichere Heimkehr. Jetzt bist du bereit, alles was kommen mag, in Angriff zu nehmen.

Den nächsten Tag vorbereiten

Wenn der anstehende Tagesplan es erforderlich macht, morgens relativ früh aufzustehen, fertig zu sein und das Haus zu verlassen, empfehle ich dir dringend, die folgende Achtsamkeitsübung auszuprobieren. Ein flüssiger, harmonischer Start in den Morgen gelingt dir am ehesten, wenn du schon abends ein paar Dinge vorbereitest. Mir scheint, je weniger Hirnleistung ich schon beim Morgenkaffee verbrauchen muss, desto besser geht es allen Familienmitgliedern. Die Vorbereitung am Abend dauert zehn Minuten, zahlt sich am nächsten Morgen aber in Form von Dividenden aus. Diese zehn zusätzlichen Minuten sind gerade an Wochentagen sowohl für die gesamte Logistik als auch für meine mentale Ausgeglichenheit von unschätzbarem Wert.

Die Abendvorbereitung besteht bei uns darin, die Küche nach dem Abendessen in Ordnung zu bringen, denn ich möchte um fünf Uhr morgens wirklich keine Spüle voll schmutzigem Geschirr sehen. Ich befülle meine geliebte Kaffeemaschine und stelle den Timer auf die unchristlich frühe Brühzeit ein, meine kleine Tasse kommt in stiller Erwartung daneben. Ich decke den Tisch mit Besteck und Obst für den Morgen, packe mein Mittagessen zusammen, befülle wenn nötig den Rucksack für meinen Sohn und lade meine elektronischen Geräte.

Meiner Tochter habe ich schon beigebracht, sich selbstständig auf den nächsten Tag vorzubereiten. Ich glaube, das fing in der Mittelstufe an, weil sie dann einen sehr frühen Schulbus nehmen musste. Jeden Abend packt sie ihr Mittagessen, ihre Sporttasche und ihre Schultasche ein. Anfangs brauchte sie jeden Abend eine kleine Erinnerung, dann für einige Monate nur noch sporadisch und schließlich hat sich das Ganze so zu einer Gewohnheit entwickelt, die heute ohne jegliche Aufforderung funktioniert. Schon Vorschulkinder können Achtsamkeitsübungen mit etwas Ermutigung und Coaching erlernen.

An jenen Morgen, an denen ich unvorbereitet bin, passiert alles überstürzt und meine Gedanken sind zerstreut; in der begrenzten Zeitspanne ist dann einfach zu viel zu tun. Die fehlende Vorbereitung fühlt sich für mich ähnlich an, als würde ich an diesem Morgen nicht meditieren. Ich schaffe zwar, alles zu erledigen, bin aber viel weniger bei mir und sicherlich viel weniger unbefangen, was natürlich auch auf die Familie übergeht. An diesen Morgen beginne ich den Tag immer mit erhöhtem Stress und bin oft schon erschöpft, bevor mein Arbeitstag überhaupt angefangen hat. Sich am Abend vorzubereiten, bietet uns allen die Möglichkeit, zu atmen und mit einem Gefühl der Ruhe in den Tag zu starten. Mit der Abendroutine tue ich deshalb nicht nur mir einen Gefallen, sondern sie hilft auch meinen Kinder dabei, durch mehr morgendliche Leichtigkeit auf lange Sicht gesündere Lebensgewohnheiten zu entwickeln.

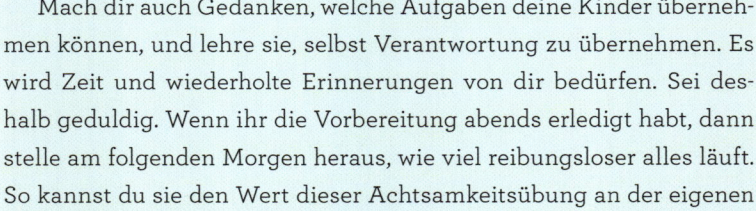

Die Achtsamkeitsübung „Den nächsten Tag vorbereiten": Wenn du diese Achtsamkeitsübung jetzt auch zu deiner neuen Gewohnheit machen willst, beginne damit, deine derzeitigen Tagesanfänge vor deinem inneren Auge zu betrachten. Notiere dir alle Aufgaben, die sich am Abend davor erledigen lassen. Schreib dir zunächst eine kurze Liste, auf die du dich beziehen kannst, bis sich diese neue Achtsamkeit etabliert hat. Bevor du das erste Mal mit der Vorbereitung beginnst, halte kurz inne und atme tief ein und aus. Schenke jedem Teil deiner Routine die volle Aufmerksamkeit. Wenn deine Gedanken schon zur nächsten Aufgabe abwandern, dann lenke dein Bewusstsein sanft auf die aktuelle Aufgabe um. Sei den Lebensmitteln gegenüber dankbar, dass sie dich nähren, mit Vitaminen versorgen und deine Gesundheit unterstützen, und dem Kaffee gegenüber, dass er Leben rettet.

Mach dir auch Gedanken, welche Aufgaben deine Kinder übernehmen können, und lehre sie, selbst Verantwortung zu übernehmen. Es wird Zeit und wiederholte Erinnerungen von dir bedürfen. Sei deshalb geduldig. Wenn ihr die Vorbereitung abends erledigt habt, dann stelle am folgenden Morgen heraus, wie viel reibungsloser alles läuft. So kannst du sie den Wert dieser Achtsamkeitsübung an der eigenen Haut spüren und schätzen lassen.

Progressive Muskelrelaxation

Fällt es dir am Abend manchmal schwer, deinen Verstand abzuschalten? Hast du dich jemals am Ende eines langen Tages hundemüde ins Bett gelegt, aber deine Gedanken waren noch so geschäftig, dass du trotzdem nicht einschlafen konntest? Mir geht das selten so. Wenn ich mich in die Horizontale begebe, will der Schlaf mich zu jeder Tageszeit fast sofort ergreifen.

Bevor du jetzt darüber fantasierst, mir dieses Buch an den Kopf zu werfen, weil ich scheinbar so gut schlafen kann, dann warte eine Sekunde. Am Abend schnell wegzudösen, fällt mir zwar leicht, dafür bin ich nachts aber oft ganz aufgewühlt und kann nicht richtig schlafen. Ob ich nun von einem Kind geweckt werde, das Wasser gegen seinen Husten braucht oder nach einem schlechten Traum wieder zugedeckt werden muss, ich kann fast garantieren, danach die nächsten ein bis zwei Stunden wach zu sein, ob ich will oder nicht. Egal, wie lange ich beruhigen oder zudecken musste, ich bin hellwach und bereit, loszulegen.

Ich habe mit der Zeit gelernt, nicht mehr dagegen zu kämpfen. Ich stelle mir vor, wie müde ich morgen sein werde, mache mir dann aber klar, dass ich in jedem Fall die Augen schließen und etwas ruhen kann. Manchmal mache ich progressive Muskelentspannung als Achtsamkeitsübung, besonders dann, wenn ich mich körperlich unruhig fühle. Daran schließe ich manchmal noch eine Atemmeditation oder einen Bodyscan im Liegen an (Seiten 35–36). Oftmals hilft mir das, den Verstand etwas zu beruhigen, und ich schlafe dann schneller wieder ein.

Ob deine Herausforderung nun beim Einschlafen, Weiterschlafen oder bei keinem von beiden liegt (du Glückliche), es geht darum, die bestmöglichen Bedingungen für einen guten Schlaf zu schaffen und dann einfach abzuwarten. Schlaf kann nicht erzwungen, durch progressive Muskelrelaxation aber sanft gefördert werden.

Die Achtsamkeitsübung „Progressive Muskelrelaxation": Unabhängig davon, wie schwer dir das Einschlafen fällt, kann die progressive Muskelrelaxation dir beim Übergang vom bewegten Tag zur Ruhe des Schlafes helfen. Spanne jeden Körperteil der Reihe nach für fünf Sekunden an. Entspanne die Muskeln wieder und atme dabei aus. Beginne mit den Füßen. Spanne die Muskeln in jedem Fuß so fest du kannst an und lass nach fünf Sekunden wieder los. Atme aus. Straffe als nächstes die Wadenmuskulatur für fünf Sekunden, und dann auch wieder loslassen. Arbeite dich langsam und Stück für Stück den ganzen Körper entlang nach oben, bis du bei Gesicht und Kopf angekommen bist. Nachdem du jetzt allen Körperteilen einzeln Beachtung geschenkt hast, kontrahiere alle Muskeln gleichzeitig und entspanne sie wieder, sodass dein ganzer Körper locker und entspannt vom Bett gehalten wird.

Ich wünschte, ich könnte dir jetzt den sofortigen Eintritt in die Traumwelt in Aussicht stellen, aber leider gibt es keine Schlafgarantien. Progressive Muskelentspannung hilft aber dabei, Unruhegefühle zu lösen und das allgemeine Körperbewusstsein zu erhöhen. Wenn du schon munter genug bist, diese Übungen zu machen, kannst du die Zeit genauso gut für ein wenig Selbstpflege nutzen. Ich wünsche viel Glück und süße Träume …

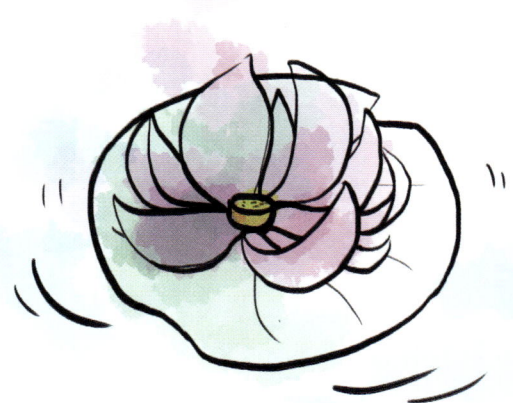

Weckruf um zwei Uhr morgens

⟿

Ah, Schlaf. Ich habe eine Hassliebe zu dir. Ich liebe die Ruhe, die Entspannung, das Auftanken. Ich hasse es, nie genug von dir zu bekommen. „Hass ist ein starkes Wort", sage ich meinen Kindern, aber in diesem Fall stimmt es einfach. Oh, Schlaf. Es gibt dich in so vielen Varianten: von einfach schläfrig, vernebelt, erschöpft, knochenmüde bis hin zu todmüde. Ich habe euch alle kennengelernt, scheine aber von keinem genug gehabt zu haben, seit ich vor vierzehn Jahren Mutter wurde.

Nachdem mein kleiner Sohn geboren wurde, begann ich zu verstehen, warum das Militär Schlafentzug als Foltermethode einsetzt. Ich hätte ihnen alles verraten, was sie wissen wollten, und sogar noch mehr als das. Schlaf, ich war besessen von dir, du warst eine Sucht, etwas, nach dem ich mich verzweifelt sehnte, an das ich mich klammerte, das ich mir wünschte und von dem ich mir vorstellte, eines Tages voll und ganz Besitz zu nehmen. Wann endlich wirst du nicht mehr unterbrochen werden? Oh, Schlaf, ich vermisse dich so. Wann werde ich genug von dir bekommen? Wenn der Kleine die Schule wieder verlässt? Nur noch vierzehn Jahre. *Seufz.* So in etwa klinge ich auf Schlafentzug, nur nicht ganz so klar. Mein erschöpfter Verstand kann tatsächlich beängstigend werden.

Als mein Kleiner mitten in der Nacht schreit, versuche ich, meine Augenlider aufzuhebeln und schaue zu meinem Mann hinüber, der einfach nur seelenruhig daliegt und weiterschläft. Ich grummele: „Im Ernst? Ich. Bin. Nicht. Dran." Wenn ich müde bin, sind meine Reserven erschöpft und die Geduld ist knapp. Ich ertappe mich dann dabei, im Stillen eine Rechnung mit meinem Mann zu führen. *Ich bin das letzte Mal aufgestanden. Ich habe im Moment mehr zu tun. Wieso kannst du überhaupt weiterschlafen?* Wie wir alle wissen, hilft dieses Mitrechnen überhaupt nicht weiter. Tatsächlich ist mein Mann ein wunderbarer Ehemann und Vater, ein engagierter Vater, der nichts mit stereotypen Geschlechterrollen am Hut hat. In meinem übermüdeten Geisteszustand fliegt die Objektivität jedoch als erstes über Bord. Wenn ich zu so einer pessimistischen Sichtweise tendiere, hilft es, mir bewusst zu machen, was *ich machen darf*, anstatt was *ich machen muss*. Anstatt um zwei Uhr morgens aufstehen zu müssen, darf ich ein paar Minuten mit meinem kleinen Sohn kuscheln und den Duft von Baby-Shampoo in seinem weichen, lockigen Haar genießen. Es funktioniert zwar nicht jedes Mal, aber immerhin öfter als nicht.

Unabhängig davon, was in unserem Leben passiert, haben wir die Wahl, mit einem *ich muss*- oder einem *ich darf*-Mindset zu leben. Es fällt leichter, nicht gezwungen zu werden, und verursacht keine Schuldgefühle, während ein *ich muss* immer beharrlich bleibt. Dies ist keine künstliche Umdeutung und als Therapeutin würde ich auch nie empfehlen, wichtige Emotionen zu ignorieren oder leugnen, die eigentlich angesprochen werden müssen. Durch den Kunstgriff des *ich darf* gelingt es mir aber leichter, meine Einstellung subtil in Richtung Dankbarkeit zu verschieben – Dankbarkeit für mein Lebensglück, meine Kinder, meinen Mann, unsere Gesundheit. Ich werde mich niemals freuen, um zwei Uhr morgens geweckt zu werden, aber mit meinem achtsamen *ich darf* gelingt es mir, dem Privileg bewusst zu sein, dass ich die Mutter von diesem (zu jeder Tages- oder Nachtzeit) so schönen kleinen Jungen bin.

Die Achtsamkeitsübung „Weckruf um zwei Uhr morgens": Wenn du feststellst, dass sich deine Wahrnehmung ins Negative verändert hat, dann versuch deine Gedanken mit *ich darf* statt *ich muss* beginnen zu lassen. Du solltest das nicht erzwingen, sondern dich sanft ermutigen, deine Herangehensweise umzustellen. Paradoxerweise besteht die größte Herausforderung darin, das veränderte Mindset gerade dann in die Praxis umzusetzen, wenn wir es am meisten brauchen. Achte darauf, wenn die mentale Strichliste in deinem Kopf erscheint. Versuche – so gut es geht – nicht zu vergleichen und kehre in die Situation zurück, indem du dich durch Ein- und Ausatmen erdest. *Ich darf.* Allein diese Formulierung reicht oft aus, um uns an das flüchtige Privileg der Mutterschaft zu erinnern, sodass wir alles, was mit ihr einhergeht, leichter akzeptieren und schätzen können – ungeachtet der manchmal beängstigenden und schwierigen Begleitumstände.

Achtsamkeitstagebuch

Nutze diese Seiten, um deine tägliche Fünf-Minuten-Meditation und deine Achtsamkeitsübungen zu verfolgen. Schau auf Seite 12, um mehr darüber zu erfahren, wie du dieses Achtsamkeitstagebuch effektiv einsetzen kannst. Vorlagen zum Selbstausdrucken findest du unter www.mentor-verlag.de/shondamoralis.

	MONTAG	DIENSTAG	MITTWOCH
FÜNF-MINUTEN-MEDITATION			
ACHTSAMKEITS-ÜBUNG			
ACHTSAMKEITS-ÜBUNG			
ACHTSAMKEITS-ÜBUNG			

DONNERSTAG	FREITAG	SAMSTAG	SONNTAG

NOTIZEN

NOTIZEN

BIBLIOGRAPHIE

Alcorn, Katrina. „*Do You Have a Hospital Fantasy?*" huffingtonpost.com, 24. August 2011.

Alcorn, Katrina. *Maxed Out: American Moms on the Brink*. Berkeley: Seal Press, 2013.

Bolte Taylor, Jill. *My Stroke of Insight: A Brain Scientist's Personal Journey*. New York: Viking, 2008.

Brach, Tara. „*Guided Meditations*." tarabrach.com/guidedmeditations.

Brown, Brené. *Daring Greatly: How the Courage to Be Vulnerable Transforms the Way We Live, Love, Parent, and Lead*. New York: Gotham, 2012.

Carter, Christine. *Raising Happiness: 10 Simple Steps for More Joyful Kids and Happier Parents*. New York: Ballantine, 2010.

Cuddy, Amy. *Presence: Bringing Your Boldest Self to Your Biggest Challenges*. New York: Little, Brown and Company, 2015.

Cuddy, Amy. „*Your Body Language Shapes Who You Are*." ted.com.

Davidson, Richard J., Jon Kabat-Zinn, Jessica Schumacher, Melissa Rosenkranz, Daniel Muller, Saki F. Santorelli, Ferris Urbanowski, Anne Harrington, Katherine Bonus und John F. Sheridan. „*Alterations in Brain and Immune Function Produced by Mindfulness Meditation*." Psychosomatic Medicine 65, Nr. 4 (2003): 564–570.

Davidson, Richard J. und Sharon Begley. *Warum wir fühlen, wie wir fühlen: Wie die Gehirnstruktur unsere Emotionen bestimmt – und wie wir darauf Einfluss nehmen können*. München: Arkana Verlag, 2012.

Dell'Antonia, KJ. The New York Times Motherlode Blog. „*Hey, Whiny, Modern Parents, Tell Us What You Love About the Gig*." parenting.blogs.nytimes.com, 28. April 2014.

Fredrickson, B. L., M. A. Cohn, K. A. Coffey, J. Pek und S. M. Finkel. „*Open Hearts Build Lives: Positive Emotions, Induced Through Loving-Kindness Meditation, Build Consequential Personal Resources*." Journal of Personality and Social Psychology 95, Nr. 5 (2008): 1045.

Goldstein, Elisha David. „*Sacred Moments: Implications on Well-Being and Stress.*" Special Issue on Spirituality and Psychotherapy, Journal of Clinical Psychology 63, Nr. 10 (Oktober 2007): 1001–1019.

Hölzel, Britta K., S. Lazar, T. Gard, Z. Schuman-Olivier, D. R. Vago und U. Ott. „*How Does Mindfulness Meditation Work? Proposing Mechanisms of Action from a Conceptual and Neural Perspective.*" Perspectives on Psychological Science 6, Nr. 6 (2011): 537–559.

Kabat-Zinn, Myla und Jon Kabat-Zinn. *Mit Kindern wachsen: Die Praxis der Achtsamkeit in der Familie*. Freiburg im Breisgau: Arbor Verlag, 2015.

Kabat-Zinn, Jon. „*Heartfulness.*" Omega Institute for Holistic Studies. youtube.com.

Lerner, Harriet. *The Mother Dance: How Children Change Your Life*. New York: HarperCollins, 2009.

Morrish, Ronald. *Secrets of Discipline: For Parents and Teachers*. Foothill, Ontario, Canada: Woodstream Publishing, 1997.

Moyer, Christopher A., Michael PW Donnelly, Jane C. Anderson, Kally C. Valek, Sarah J. Huckaby, Derek A. Wiederholt, Rachel L. Doty, Aaron S. Rehlinger und Brianna L. Rice. „*Frontal Electroencephalographic Asymmetry Associated with Positive Emotion Is Produced by Very Brief Meditation Training.*" Psychological Science 22, Nr. 10 (2011): 1277–1279.

Rhimes, Shonda. *Year of Yes: How to Dance It Out, Stand in the Sun and Be Your Own Person*. New York: Simon and Schuster, 2015.

Senior, Jennifer. „*For Parents, Happiness Is a Very High Bar.*" ted.com.

Senior, Jennifer. *Himmel und Hölle: Das Dilemma moderner Elternschaft*. Zürich: Kein & Aber, 2014.

Shapiro, Shauna und Chris White. *Mindful Discipline: A Loving Approach to Setting Limits and Raising an Emotionally Intelligent Child*. Oakland: New Harbinger, 2014.

Willey, Kira. *Offizielle Website*. kirawilley.com.

DANKSAGUNGEN

So viel Dankbarkeit, so wenig Zeit. Vielen Dank an Erik für deine Unterstützung, deinen Sinn für Humor und dafür, dass du uns gut ernährt und umsorgt hast, während ich jede Woche zum Schreiben verschwunden bin. An Mama und Papa, ich hätte es ohne eure Hilfe nicht geschafft. Es ist kaum in Worte zu fassen, wie gesegnet ich bin, eure Tochter zu sein. Danke, Ani und Ben, für eure Geduld, euer Verständnis und eure Liebe. Ihr seid meine wahrste Freude und Inspiration. Danke an meine wunderbare Agentin, Claire Gerus. Ich schätze deine Beratung so sehr. Ich hatte das Glück, zwei wunderbare Redakteurinnen, Jennifer Boudinot und Sue Fisher, gewinnen zu können. Dank an meine Herausgeber Matthew Lore, Jennifer Hergenroeder, Batya Rosenblum, Sarah Smith und alle anderen bei The Experiment; danke für euren Glauben an mich und euer Engagement für dieses Projekt. Gemeinsam haben wir etwas geschaffen, auf das ich sehr stolz bin.

Roger Yepsen, ich schulde dir Dankbarkeit für deine Zeit und Weisheit, und Ali Nass-Yepsen danke ich dafür, dass er ein so unterstützender und achtsamer Freund und Mentor ist. Barbara Berger danke ich, dass sie mich während des gesamten Prozesses angefeuert hat. Renell Carpenter für deine klugen frühen Bearbeitungen und Kira Willey für deine Ermutigungen und Erkenntnisse. Vielen Dank an alle monatlichen Tee- und Achtsamkeitsmamas (besonders Amy Dangler und Maria Schaller), deren Weisheit, Lachen und Kreativität mich immer wieder erstaunen. Signe Whitson, Carla Naumburg und Joyce Hinnefeld danke ich für die Ermutigung einer Anfängerautorin.

Hunter Clarke-Fields danke ich für die Möglichkeit, meine Botschaft zu teilen, der Singer-Songwriterin Susan Werner für die großzügige Weitergabe ihrer Begabung. Ich danke Joanne Cohen-Katz, Susan Wiley und dem Lehigh Valley Health Network Center for Mindfulness, die mich viel von dem gelehrt haben, was ich über Achtsamkeit weiß. An meine Panera-Gruppe: Danke, Kathleen Gavin, Melanie Himmelberger und Dina Lomas, für eure kontinuierliche Unterstützung. Dank an alle im Twin Ponds Integrative Health Center – für einen warmen, einladenden Ort zum Arbeiten und Schreiben. Dank an meine frühen Leser und Nachbarn: Karen Walczer, Nancy Wood, Beth Smith, Trish Smith und Rosemarie Lister. An Dr. Allie Gaines für die frühen Erkenntnisse, insbesondere die Stillmeditation. Vielen Dank an meine Freunde Nicole Wade, Amy Godshall, Kim Hayes, meinen Bruder Brian Bear und meine Schwägerin Cynthia Visser, dass ihr mir auf dieser Reise folgt. Und vor allem vielen Dank an all euch Mütter da draußen, die ihr mir eure Geschichten über die Jahre erzählt habt. Ihr inspiriert mich.

ÜBER DIE AUTORIN

SHONDA MORALIS ist eine auch als Sozialarbeiterin ausgebildete Psycho-therapeutin mit privater Praxis, die sich auf stressbedingte Störungen und Achtsamkeitstherapie spezialisiert hat. Sie schreibt den Psychology Today-Blog *Breathe, Mama, Breathe* und ihren eigenen Blog auf shondamoralis.net. Moralis hat Achtsamkeitskurse und Workshops für Kinder, Eltern, Lehrer und Schüler entwi-ckelt und unterrichtet. Sie lebt mit ihrem Mann und zwei Kindern im Lehigh Valley, Pennsylvania.